LINUS GIESE

ICH BiN
LiNUS

Wie ich der Mann
wurde, der ich
schon immer war

Rowohlt Polaris

4. Auflage Januar 2022

Originalausgabe
Veröffentlicht im Rowohlt Taschenbuch Verlag,
Hamburg, September 2020
Copyright © 2020 by Rowohlt Verlag GmbH, Hamburg
Covergestaltung FAVORITBUERO, München
Coverabbildung Shutterstock
Satz aus der Haarlemmer
bei Pinkuin Satz und Datentechnik, Berlin
Druck und Bindung GGP Media GmbH, Pößneck, Germany
ISBN 978-3-499-00312-7

Die Rowohlt Verlage haben sich zu einer nachhaltigen Buchproduktion verpflichtet. Gemeinsam mit unseren Partnern und Lieferanten setzen wir uns für eine klimaneutrale Buchproduktion ein, die den Erwerb von Klimazertifikaten zur Kompensation des CO_2-Ausstoßes einschließt.
www.klimaneutralerverlag.de

Inhalt

- 9 Starbucks
- 16 Tine & Daniel
- 22 Wann wurde ich eigentlich trans?
- 26 In welche Schublade passe ich?
- 30 Stone Butch Blues
- 36 Ein kompletter Neustart
- 40 Berlin
- 43 Minette
- 47 In der Herrenabteilung
- 50 Ich bin euphorisch!
- 53 Eine Diagnose bitte
- 59 Die erste Spritze
- 63 In Wartezimmern
- 66 Zuhause
- 68 Transition
- 72 Mikrodysphorien
- 81 Namensänderung
- 86 Was Liebe ist

96	Ein Blick zurück
104	Selbstzweifel
112	Neuer Mut
119	Digitale Gewalt
133	Wenn das Zuhause nicht mehr sicher ist
146	Solidarität
154	Wie geht es weiter?
159	Zum zweiten Mal bei Minette
164	Henri
168	Sprache
186	Please educate me
193	Bodyshaming
203	Queere Vorbilder
210	Ende
214	Epilog
219	Empfehlungen
221	Dank

Für alle trans Menschen, die dieses Buch lesen:
Ihr seid gut, so wie ihr seid!

«Ich halte es für unerlässlich,
dass es Menschen gibt,
die sich in die Mitte des Raumes stellen
und darauf bestehen, gesehen zu werden.»

Jaqueline Scheiber

«[...] es ist bequem, über Geschlecht als Kategorie herzuziehen und anderen vorzuwerfen, sie machten daraus eine Ideologie, wenn das eigene Geschlecht nicht in Zweifel gezogen oder benachteiligt wird, es ist einfach, Sexualität für etwas Intimes und Privates zu halten und irritiert zu reagieren, dass andere darüber sprechen, wenn der eigenen Sexualität zugestanden wird, etwas ganz Normales und Persönliches zu sein.»

Carolin Emcke

Starbucks

Es war Mittwoch, der 4. Oktober 2017, als ich das erste Mal den Namen sagte, den ich mir schon so lange für mich überlegt hatte: *Linus*.

«Linus» war meine Antwort auf die Frage eines Baristas nach meinem Namen, den er auf den Kaffeebecher schreiben wollte. Ich stand in einem Café am Frankfurter Hauptbahnhof, als ich zum ersten Mal das Gefühl hatte: Das hier ist der richtige Moment und der richtige Ort, um zu sagen, dass ich Linus heiße.

Und dass ich ein Mann bin.

Ich kann mich noch gut daran erinnern, wie der Barista aussah. Ich habe mir sogar gemerkt, was ich damals bestellte: einen Pumpkin Spice Latte mit Sahne und einem extra Schuss Kaffee. In den folgenden Monaten war ich noch viele weitere Male dort, weil ich den Wunsch hatte, diesen einen Moment zu wiederholen. Es war jedoch immer so leer, dass ich nie wieder nach meinem Namen gefragt wurde.

Manchmal wird mir bei diesem Gedanken ganz flau im Magen, weil mir dann bewusst wird, wie sehr unser Leben von Zufällen abhängt. Wie wäre mein Leben weitergegangen, wäre ich damals nicht nach meinem Namen gefragt worden? Hätte ich dann einfach an einem anderen Tag und in einem anderen Moment den Mut aufgebracht?

Manchmal frage ich mich auch, warum ich meinen Namen beim ersten Mal einer fremden Person offenbaren musste: Sagt man so etwas nicht eher der besten Freundin oder der eigenen Mutter? Ich glaubte aus irgendeinem Grund, es einem Fremden erzählen zu müssen. Vielleicht, weil ich wusste, dass ich von einem Menschen, der mich nicht kennt, nicht in Frage gestellt werden würde? An diesem Ort und in diesem Moment war ich Linus, und das wurde ohne Nachfragen oder Skepsis hingenommen.

Bist du dir denn sicher? Aber du bist doch eine Frau! Das kommt für uns alle sehr überraschend! Du bist doch viel zu alt für so etwas! Wir glauben dir nicht! Du irrst dich! Du darfst das nicht sein! Das bist du nicht! Tu uns das nicht an! Das waren einige der Antworten, vor denen ich mich fürchtete.

Ich kann mich noch sehr genau an die Tage und Wochen erinnern, die diesem Moment im Starbucks vorausgegangen waren. Zwei Monate zuvor hatte ich mit Stefan auf einer Parkbank mitten in Frankfurt gesessen. Er war der Erste, mit dem ich darüber sprach, dass ich glaubte, ein Junge zu sein. Ich war damals schon einunddreißig Jahre alt, doch ich sagte immer: «Ich glaube, dass ich ein Junge bin» – es kam mir nie in den Sinn, dass ich eigentlich schon längst ein erwachsener Mann sein müsste. Ich denke, das liegt daran, dass mir meine Kindheit entgangen ist. Sie wurde mir vorenthalten. Ich wollte noch einmal ein Junge sein, um all das nachholen zu dürfen, was ich verpasst hatte und nicht erleben durfte.

Vielleicht steckte damals noch ein kleiner Peter Pan in mir, der alles Mögliche wollte, nur niemals erwachsen werden. Heute weiß ich, dass ich diese verpasste Kindheit nicht nachholen kann – doch ich kann mir Dinge, die ich verpasst habe, Stück für Stück zurückholen.

«Ich halte dich für einen Jungen, und ich freue mich auf den Tag, an dem ich ‹er› sagen und deinen Namen kennenlernen darf», schrieb mir Stefan in einer Nachricht kurz vor meinem Comingout. Auch heute halte ich mich noch oft für einen Jungen, von dem ich hoffe, dass er irgendwann zu einem Mann heranwachsen wird – damals war das für mich alles noch kaum vorstellbar.

Wenn ich die Geschichten von anderen trans Menschen lese,

bin ich oft fasziniert davon, wie sicher manche bereits als Kinder und Jugendliche bei der Antwort auf die Frage waren, wer sie sind und was sie sich wünschen. Als ich aufwuchs, fehlten mir Begriffe wie *trans*, *genderqueer* oder *nichtbinär*. Identität war für mich nichts Wandelbares, sondern – ganz im Gegenteil – etwas, das für immer und unverrückbar feststand. Felsenfest. In Stein gemeißelt.

Der Tag, an dem ich zum ersten Mal *Linus* sagte, war der Tag, an dem sich mein Leben in ein Davor und ein Danach teilte. Auch wenn das wie ein Klischee klingt, es ist wahr. Zurück ließ ich ein Leben, das eng wie ein Korsett gewesen ist – und trat in eines, in dem ich mir zum ersten Mal erlaubte, über meine Identität, meine Sexualität und mich selbst nachzudenken.

Was wünsche ich mir? Was brauche ich? Was gefällt mir? Was tut mir gut? Was würde ich gerne ausprobieren? Wer bin ich eigentlich?

Als ich den Becher, auf dem mein Name stand, ausgetrunken hatte, fuhr ich damit zurück in das Zimmer nach Mühlheim, in dem ich damals zur Untermiete lebte, machte ein Foto und lud es auf meinem Facebook-Profil hoch. Dazu schrieb ich den Satz: «Tolles Gefühl: bei Starbucks zum ersten Mal den Namen laut aussprechen, den ich mir schon so lange für mich wünsche.» Danach machte ich das Handy aus, klappte meinen Laptop zu und legte mich auf den Fußboden meines kleines Badezimmers, weil ich vor lauter Angst kaum noch Luft bekam. All das, was mich der Barista nicht gefragt hatte, fragten mich jetzt vielleicht meine Freund*innen. Vielleicht würden sie sich auch von mir abwenden, mich beschimpfen, mir die Freundschaft kündigen? Und was würde passieren, wenn mein Chef davon erfuhr? Oder meine Kolleg*innen? Würde ich vielleicht entlassen? Gemobbt? Abgelehnt? Verstoßen? Oder auch einfach nur seltsam beäugt?

Mit meinem Coming-out verlor ich das Privileg, zu den «Normalen» zu gehören – ich war plötzlich anders und davon abhängig, ob ich von anderen immer noch akzeptiert oder gemocht wurde.

Es dauerte lange, bis ich mich zum ersten Mal wieder online traute – und einen Großteil der Kommentare unter meinem Foto las ich erst Wochen und Monate später. Natürlich gab es Fragen, natürlich gab es Irritationen – manche übergingen die Neuigkeiten auch einfach schweigend. In den Wochen und Monaten nach meinem Coming-out kam es zu Konflikten und Zerwürfnissen, Freundschaften zerbrachen. Vieles von dem, was ich mir ausgemalt hatte, trat in ganz unterschiedlichen Varianten und Abstufungen ein. Doch nichts davon war so gravierend, wie ich es befürchtet hatte.

Meine größte Angst war, dass jemand sagen könnte: *Das, was du dir wünscht, ist falsch – du bist ekelhaft,* und ich deshalb alles wieder rückgängig machen müsste. Und tatsächlich gibt es immer wieder Menschen, die mir genau das sagen oder auch schreiben – doch mittlerweile verunsichert mich das nicht mehr. Ich sage dann: *So bin ich eben – ich bleibe hier, ich bleibe sichtbar, ich möchte mich für dich nicht ändern. Was willst du dagegen machen?*

Ich sage oft, dass dieser Mittwoch im Oktober der Tag meines Coming-outs war. Doch eigentlich stimmt das so nicht. Bei *Wikipedia* steht, dass man unter einem Coming-out ein «absichtliches, bewusstes Öffentlichmachen» versteht. Mich irritiert an dem Begriff, dass er etwas Einmaliges suggeriert: Aber trans Menschen haben oft nicht nur ein singuläres Coming-out, sondern müssen sich immer und immer wieder outen. Ich zeigte meinen Becher meinen Freund*innen auf Facebook, doch nicht alle meine Freund*innen sind auf Facebook. In einem Artikel las ich, ein Coming-out sei wie Duschen: Du musst es fast täglich tun. Wie sage ich es alten Freund*innen? Wie sage ich es neuen Freund*innen? Wie sage ich es Verwandten? Wie sage ich es dem Arbeitgeber, den Kolleg*innen? Und wann sage ich es meinem Date? Ich oute mich beim Arztbesuch, bei Behördenterminen, im Gespräch mit der Krankenkasse – und eine lange Zeit habe ich mich auch jedes Mal geoutet, wenn ich ein Paket bei der Post abholen musste, das an meinen alten Namen adressiert war.

Mein Leben ist ein andauerndes Coming-out – ich muss mich immer wieder erklären. Ich tue das seit drei Jahren. Wenn ich sage, dass ich ein trans Mann bin, gibt es darauf ganz unterschiedliche Reaktionen: Am angenehmsten ist mir das unaufgeregte Verständnis. Doch es gibt auch peinlich berührtes Schweigen, Unsicherheit, Überforderung, Neugier oder übergriffige Nachfragen. *Hattest du schon die OP? Wie ist dein Zeitplan für die Umwandlung? Bist du dir sicher, dass du nicht einfach nur eine burschikose Frau mit kurzen Haaren bist?* Und die häufigste Frage: *Seit wann weißt du denn, dass du trans bist?*

In vielen Lebensgeschichten von trans Menschen fällt irgendwann ein Satz wie *Ich wusste schon als Kind, dass ich trans bin* oder *Ich wusste schon immer, dass ich ein Mann bin.* Ich sage das auch manchmal, weil es tatsächlich vieles einfacher macht – vor allem im Gespräch mit anderen Menschen. Doch ich bin mir nicht immer sicher, ob es wirklich stimmt. Ich wusste schon als Kind, dass ich gerne Badeshorts trug, kurze Haare mochte und lieber mit einer Turtles-Figur spielen wollte als mit einer Barbie. Ich wusste auch als Kind schon, dass ich einen Penis haben wollte und – genauso wie mein Vater und mein Bruder – gerne im Stehen gepinkelt hätte. Doch wusste ich als Kind bereits, dass ich ein Junge bin? War mir als Kind bereits klar, dass ich kein Mädchen bin? Ich weiß es nicht. Als Jugendlicher wusste ich dann, dass ich mich oft seltsam fremd mit mir selbst fühlte, dass ich unsicher und ängstlich war. Als ich durch Zufall anfing, das Online-Tagebuch eines trans Manns zu lesen, dachte ich oft: *Das bin doch ich, das möchte ich auch, das würde mich endlich glücklich machen.* Doch es dauerte dann noch weitere sechzehn Jahre, bis ich mein erstes Coming-out hatte.

Blicke ich zurück, kommt mir mein Leben oft wie ein großes und verschlungenes Durcheinander vor. Es war ein langer Weg, bis ich endlich zu mir selbst gefunden habe. Ich glaubte, eine lesbische Frau zu sein. Ich glaubte, eine Butch zu sein. Jetzt bin ich ein queerer trans Mann. Vielleicht bin ich das schon immer gewesen. Doch vielleicht war es auch ein Prozess, bis ich dahin gekommen bin, wo ich mich heute verorte.

Als ich achtzehn Jahre alt war, glaubte ich, niemals ein trans Mann sein zu dürfen. Als ich vierundzwanzig Jahre alt war, glaubte ich, schon längst zu alt zu sein, um noch ein trans Mann sein zu können. Als ich mich mit einunddreißig Jahren endlich outete, hatte ich das Gefühl, zum ersten Mal richtig atmen zu können. Ich verspürte zum ersten Mal so etwas wie sexuelle Lust. Als ich mit zweiunddreißig Jahren damit begann, Hormone zu nehmen, veränderte sich mein Leben zum ersten Mal in eine positive Richtung. Es war die beste Entscheidung, die ich treffen konnte.

Es gibt so wenig Repräsentation von trans Menschen, und es werden so wenig diverse unterschiedliche Lebensgeschichten erzählt, dass mir an dieser Stelle wichtig ist, zu betonen: Trans Menschen müssen nicht als Kind wissen, wer sie sind. Sie müssen auch nicht als Jugendliche wissen, wer sie sind. Niemand muss sich immer sicher sein. Zweifel und Unsicherheiten sind erlaubt. Experimentieren ist erlaubt. Auch Fehler sind erlaubt. Es gibt nicht nur einen einzigen möglichen Lebenslauf für trans Menschen. Wir dürfen Fehler machen. Wir dürfen uns irren. Wir dürfen uns umentscheiden. Wir dürfen auch bereuen. Wir dürfen all das, was alle anderen Menschen auch dürfen.

Es gibt keinen universellen Lebenslauf für trans Menschen. Die Geschichte, die ich in diesem Buch erzähle, steht nicht repräsentativ für alle anderen trans Menschen. Ich spreche nicht für andere trans Menschen und möchte das auch gar nicht. Das hier ist meine Geschichte, mit all meinen Umwegen, Irrwegen und Sackgassen. Als ich in meinem Leben das erste Mal einen trans Mann traf, war meine erste Frage: *Bin ich zu alt? Ist es zu spät?* Als ich kürzlich für jemanden der erste trans Mann war, den mein Gegenüber traf, lautete dessen erste Frage: *Kann ich überhaupt trans sein, wenn ich schon einundzwanzig Jahre alt bin und mir noch immer nicht sicher bin, was ich mir eigentlich wünsche?*

Ja, kannst du. Du kannst und darfst alles sein – und ich wünsche allen, die dieses Buch lesen, dass sie nicht so lange brauchen werden wie ich, bis sie das verstanden haben. Identität und Sexualität sollten etwas Fließendes sein – und nichts, das uns festlegt und beschränkt. Es gibt keine Grenzen und Vorschriften: Du darfst alles ausprobieren, dir alles erlauben, alles tragen, was dir gefällt, und alles tun, woran du Freude hast. *Gender ist eine Spielwiese* – probiere dich aus und habe Spaß dabei.

Vor drei Jahren dachte ich, dass ich der männlichste Mann sein müsste, den die Welt jemals gesehen hat. Heute denke ich: Wenn mir die Jacke in der Frauenabteilung gefällt, kaufe ich sie mir. Ich versuche – ganz losgelöst von allen gesellschaftlichen Erwartungen – herauszufinden, wer ich überhaupt bin: Gefallen mir eigentlich Männer oder Frauen? Mag ich lackierte Fingernägel? Gefallen mir Blumenmuster und Glitzerschuhe? Bin ich vielleicht doch nicht so binär, wie ich immer dachte? Und wie kann ich versuchen herauszufinden, woran ich Freude habe und was ich mir wünsche?

Es ist ein andauerndes Experimentieren, und ich wünschte, alle Menschen – ob trans oder cis – würden sich ebenfalls die Freiheit nehmen, über stereotype Vorstellungen hinaus zu denken. Vielleicht kann ich mit meiner Geschichte, die in einem Starbucks im Frankfurter Hauptbahnhof begann, einen Teil dazu beitragen.

Tine & Daniel

Zu der Zeit, als ich mich auf den Weg nach Frankfurt machte, lebte ich erst seit ein paar Tagen bei Tine und Daniel in Mühlheim – das ist mit der S-Bahn zwanzig Minuten entfernt vom Frankfurter Hauptbahnhof. Drei Monate zuvor hatte ich angefangen, in einer Buchhandlung in Hanau zu arbeiten. Drei Monate zuvor lebte ich noch mit meiner Partnerin und unserem Hund in Würzburg. Ich pendelte fast jeden Tag mit dem Zug nach Hanau, um dort zum ersten Mal in meinem Leben hauptberuflich Bücher zu verkaufen.

Mein Studium hatte ich bereits 2011 abgeschlossen, aber in den Jahren danach war es mir schwergefallen, im Berufsleben Fuß zu fassen. Ich schrieb endlos viele Bewerbungen und reiste zu Vorstellungsgesprächen durch die halbe Bundesrepublik. Ich war in Berlin, in Köln, in Hamburg und fuhr sogar bis nach Weinheim, doch am Ende sammelte ich eine Absage nach der anderen. Ich konnte in keinem der Gespräche überzeugen. Im Nachhinein glaube ich, dass man mir einfach angemerkt haben muss, dass etwas mit mir nicht stimmte – nicht ganz richtig war.

In dieser Zeit war ich jahrelang arbeitslos, blieb zu Hause und kümmerte mich um den gemeinsamen Haushalt und den Hund, ich traute mir irgendwann einfach nichts mehr zu. Kürzlich sprach ich mit einer Freundin über die Zeit vor meinem Coming-out, und sie sagte: «Wir haben alle gemerkt, dass irgendetwas mit dir nicht stimmte. Es passte einfach nicht.» Wer sollte mir einen Job geben, wenn ich mir selbst nicht einmal zutraute, irgendwo arbeiten zu können? Ich war schüchtern, verschlossen, unglücklich. Da war kein Selbstvertrauen, kein Selbstbewusstsein, keine Selbstsicherheit.

Als ich im Buchladen in Hanau anfing, veränderte sich meine Lebenssituation plötzlich. Ich merkte zum ersten Mal, dass ich in etwas gut war, was ich tat. Ich hatte Spaß daran, Bücher zu empfehlen, aber auch am Kontakt mit den Kund*innen. Ich freute mich über die vielen unterschiedlichen Begegnungen und die Gespräche, die ich führte. Bevor ich in Hanau anfing, hatte ich oft Angst vor alltäglichen Dingen – es kostete mich zum Beispiel unglaublich viel Überwindung zu telefonieren. Jedes Telefonat war ein großes Drama, das ich oft tagelang vor mir herschob. Doch plötzlich hatte ich keine Wahl mehr – wenn das Telefon klingelte, musste ich abnehmen.

Wenn mich Menschen fragen, ob ich gebürtig aus Berlin komme, dann gerate ich immer ein wenig ins Stocken: *Nein, gebürtig komme ich aus Bremen. Zuletzt gewohnt habe ich in Mühlheim, davor in Würzburg, davor in Göttingen, dazwischen für ein Jahr in Hamburg, und studiert habe ich übrigens in Dresden und Bayreuth.* Ich habe das Gegenteil von einem geraden Lebensweg, erst als ich in Berlin ankam, hatte ich zum ersten Mal das Gefühl, nach Hause zu kommen.

Als ich im Herbst 2017 darüber nachdachte, etwas an meinem Leben zu ändern, wurde mir schnell klar, dass ich dafür mit meinem alten Leben brechen musste. Ein Freund erstellte für mich eine Wohnungsanzeige: *Zimmer, WG oder kleine Wohnung in Frankfurt oder Hanau gesucht – am besten mit Hund und ab sofort.* Darunter ein Foto von mir auf einem roten Roller – ich fuhr keinen Roller, ich habe nicht einmal einen Führerschein, aber der Roller hatte dieselbe Farbe wie meine Jacke, und ich dachte, dass das auf einem Foto gut aussehen könnte.

Ein paar Tage später meldete sich Tine bei mir und erzählte, dass bei ihr in Mühlheim eine Wohnung leer stehen würde, in der zuvor ihre verstorbene Mutter gelebt hatte. Die Wohnung hätte sogar einen freien Stellplatz für meinen Roller. Ich musste lachen.

Mühlheim ist nur zwanzig Minuten von Hanau entfernt, ich fuhr hin und lernte Tine, Daniel und ihren Hund Mogli kennen, eine seltsame Mischung aus einem Dackel und einem Schäferhund. Beide hatten eigentlich nicht vorgehabt, die Wohnung zu vermieten. Es war Zufall, dass sie meine Anzeige sahen. Und es war eine spontane Entscheidung, mir die Wohnung anzubieten. Sagte ich nicht schon, dass es manchmal erschreckend ist, wie sehr unser Leben von Zufällen abhängt? Obwohl es in diesem Fall natürlich ein schöner Zufall war.

Zwei Jahre später sprach ich mit Tine und Daniel darüber, wie wir uns bei der Besichtigung zum ersten Mal getroffen haben. Ich machte auf beide einen sehr zurückhaltenden und unsicheren Eindruck. So fühlte ich mich damals auch – ich wusste einfach nicht, wohin mit mir.

Ich zog nicht sofort ein, aber es war beruhigend zu wissen, dass ich eine Option auf eine finanzierbare Unterkunft in der Nähe meiner Arbeit hatte.

Wenn ich an diese Zeit im Herbst 2017 denke, dann verschwimmt alles vor meinen Augen. Ich befand mich in einem Ausnahmezustand, weil ich das Gefühl hatte, mein Leben würde auseinanderbrechen: die Trennung von meiner Partnerin, der immer stärker werdende Wunsch nach einem Coming-out, der neue Job im Buchladen, die Frage danach, wo ich wohnen sollte – all das wurde für mich zu einer immer stärker werdenden Belastung.

Damals besuchte ich Stefan in Berlin, und ich erinnere mich noch, wie ich mit ihm bei einer Hausärztin saß, um mich aufgrund dieser Situation erst einmal krankschreiben zu lassen. Die Hausärztin überwies mich sofort weiter in die Psychiatrie. Dort musste ich mich und meinen psychischen Zustand begutachten lassen. Ich wurde zum Glück wieder nach Hause geschickt.

Zwei Tage später zog ich nach Mühlheim. Als ich Tine anrief, stand ich weinend auf einem Bahnsteig, weil ich nicht mehr wusste, wohin ich als Nächstes gehen könnte. Sie holte mich vom Bahnhof in Mühlheim ab, und ich zog in die leerstehende Wohnung ein – ich hatte nicht mehr dabei als einen Rucksack und eine Umhängetasche.

Tine und Daniel erzählten mir später, dass sie sich damals viele Gedanken um mich gemacht haben. Sie wussten nicht, ob ich mich verlassen fühlte oder noch mehr Ruhe für mich selbst brauchte. Ich lebte sehr zurückgezogen, verbrachte viele Stunden damit, auf meinem Bett zu liegen und an die Decke zu starren. Manchmal lauschten sie an der Wand, ob ich mich noch bewegte, weil sie Angst davor hatten, dass ich mir etwas antun könnte.

Weil ich krankgeschrieben war, hatte ich viel Zeit. Ab und an fuhr ich zusammen mit Daniel und Mogli mit dem Fahrrad raus ins Grüne, um spazieren zu gehen. Ich suchte nach einer Therapeutin und fand relativ schnell einen Platz, mitten in der Frankfurter Innenstadt. Nach den Sitzungen wanderte ich durch die Fußgängerzone. Ich ging in Modegeschäfte und schaute mich dort in der Herrenabteilung um. Ich ging Kaffee trinken. Ich fuhr mehrmals die fünfundfünfzig Stockwerke den Main Tower hinauf, stand ganz oben, schaute über Frankfurt hinweg und hörte «Never Let Me Down Again» von Depeche Mode: *We're flying high / We're watching the world pass us by.*

Der 4. Oktober war ein dunkler Tag, an dem es nie so richtig hell wurde. Ich setzte mich wieder mal in die S-Bahn, um nach Frankfurt zu fahren. Am Hauptbahnhof stieg ich aus und ging in den kleinen Starbucks in der Nähe des Eingangs. Ich stellte mich in die Schlange, und als ich drankam und gefragt wurde, wie ich heiße, sagte ich *Linus*.

Ich werde oft gefragt, ob ich das geplant hatte, aber das hatte ich nicht. Es war eine spontane Entscheidung. Danach stand ich dort mit meinem Becher, auf dem plötzlich dieser Name stand.

Wenn ich heute erklären muss, warum ich Linus heiße, dann

sage ich oft: *Wegen den Peanuts, kennst du etwa nicht Linus mit der Schnuffeldecke?* Linus' Charakter hat dafür gesorgt, dass mir meine Kuscheldecke beim Älterwerden nicht mehr peinlich war. Ich glaube, gerade für Jungen – aber auch für Männer – ist es nicht immer einfach, warm, weich und verletzlich zu sein. Linus war für mich ein Vorbild dafür, dass sanft zu sein überhaupt nicht peinlich sein muss.

Als ich damit begann, dieses Buch zu schreiben, erzählte mir eine befreundete Autorin, dass die Schnuffeldecke von Linus das Lieblingsbeispiel ihrer Therapeutin für ein Übergangsobjekt sei – so etwas haben Kinder, wenn sie für eine kurze Zeit ohne ihre Eltern sind. Ich finde das eine ganz schöne Namensassoziation.

Als ich mit dem Becher zurück in die Wohnung fuhr, postete ich das Foto zwar auf Facebook, aber ich konnte Tine und Daniel nichts davon erzählen. Im Nachhinein muss ich darüber lachen, weil ich eigentlich keinen besseren Ort für dieses Coming-out hätte haben können – Daniel hörte damals einen Podcast von einem trans Mann und trug bei meiner Wohnungsbesichtigung ein Kleid. Doch ich war so in mir selbst gefangen, dass ich gar nicht sehen konnte, dass dort zwei potenzielle Verbündete waren – deshalb blieb ich lieber für mich.

Als Tine und Daniel das Foto auf Facebook sahen, klickten beide *Gefällt mir,* um mir zu signalisieren: *Das irritiert uns nicht, alles gut.* Daniel nahm am nächsten Tag das Schild mit meinem Namen vom Briefkasten und klebte ein Schild mit meinem neuen Namen dorthin.

Bevor ich ein paar Tage später den Mietvertrag unterschrieb, googelte Tine lange im Internet, um herauszufinden, ob ich diesen Vertrag schon als *Linus* unterschreiben dürfte. Ich bekam das damals alles gar nicht wirklich mit, heute rührt es mich, wie aufgeschlossen und zugewandt die beiden gewesen sind. Es gibt viele Menschen, die nach einem solchen Coming-out überfordert oder ablehnend reagieren – Tine und Daniel haben alles richtig gemacht.

Und trotzdem hatte ich Angst davor, mit den beiden darüber zu sprechen. Trotzdem hatte ich Angst davor, dass mir nicht geglaubt werden könnte. Meine größte Angst war, dass mir niemand abnehmen würde, dass ich ein trans Mann war. Meine größte Angst war, dass ich nicht trans genug wäre, dass Menschen mich ansehen und sagen könnten: *Du siehst aber nicht aus wie ein Mann.* Ich hatte einunddreißig Jahre lang als Frau gelebt, ich brauchte einunddreißig Jahre, bevor ich herausfand, dass ich eigentlich ein Mann bin. Wie sollte man mir glauben? Wie sollte man mich nicht für einen furchtbaren Betrüger halten?

Wann wurde ich eigentlich trans?

Die Frage, wie ich mich selbst sehe und wie ich von anderen gesehen werde, beschäftigt mich als trans Mann vielleicht noch einmal stärker als viele andere Menschen. Wer trans ist, läuft oft Gefahr, sich gezwungenermaßen ausgiebig mit sich selbst zu beschäftigen. Einmal besuchte ich mit einem Freund eine schwule Gala – «Ich bin mein eigener Planet, ich kreise um mich selbst» wurde auf der Bühne gesungen. Manchmal scherze ich über meine eigene Selbstbezogenheit, doch im Grunde ist es genau das: Ich musste mich so sehr mit mir selbst beschäftigen, um überhaupt herausfinden zu können, wer ich bin und wer ich sein darf.

Oft werde ich gefragt, seit wann ich überhaupt weiß, dass ich trans bin. Ich finde, dass das eine sehr schwer zu beantwortende Frage ist – seit wann weißt du denn, dass du cis bist? Oder heterosexuell?

Wenn ich an meine Kindheit denke, dann denke ich oft an den Song «Wrong» von Depeche Mode. Dave Gahan singt darin: *I was born with the wrong sign | In the wrong house | with the wrong ascendancy.* Und später dann: *There's something wrong with me chemically | Something wrong with me inherently | The wrong mix in the wrong genes | I reached the wrong ends by the wrong means.* Immer wenn ich das Lied höre, singe ich laut mit. Weil mir das Grundgefühl des Liedes so erschreckend bekannt vorkommt.

Wenn ich mit dem Wissen, das ich heute habe, auf meine Kindheit blicke, erkenne ich, dass ich wohl schon immer ein wenig anders war als die meisten Mädchen um mich herum: Ich verhielt mich anders, machte andere Dinge, mochte andere Dinge. Ich wollte schon immer lieber wie mein älterer Bruder sein: genauso kurze Haare haben wie er, mit den Jungs Fußball spielen, im Bett Boxershorts tragen (in die ich mir gerne ein Sockenpaar schob, damit es aussah, als hätte ich dort eine leichte Beule) und im Sommer mit nacktem Oberkörper herumlaufen.

Wenn ich als erwachsener Mann auf dieses Kind, das ich war, zurückblicke, erkenne ich natürlich in vielen Kleinigkeiten erste Anzeichen für mein heutiges Leben – doch als Kind selbst habe ich lange nicht gemerkt, dass ich vielleicht anders sein könnte, als die meisten Mädchen. Ich durfte die ersten Jahre meines Lebens all das tun, was ich gerne tun wollte: Ich ging mit der Badehose meines Bruders ins Schwimmbad und lief in unserem Garten ohne T-Shirt umher. Doch je älter ich wurde und je sichtbarer sich mein Körper veränderte, desto stärker spürte ich, dass ich mich unpassend verhielt. Im Sommer, als ich zwölf wurde, bekam ich meinen ersten Badeanzug – ich hasste ihn. Ich hasste die Form, die er hatte, und ich hasste, dass er meine Formen so sehr betonte. Ich fühlte mich darin fast nackt und schutzlos, er zwickte im Schritt, und die Träger schnitten in meine Schultern. Ich erinnere mich noch gut an die entsetzten Blicke anderer Eltern, als ich an einem heißen Ferientag doch wieder heimlich in einer Badehose schwimmen ging. Ich fühlte mich in meinem Leben noch nie so beschämt wie in diesem Moment. Ich war alleine ins Schwimmbad gegangen, als ich nach Hause kam, erzählte ich nichts von meinem Erlebnis.

Je älter ich wurde, desto stärker wurde das Gefühl, nirgendwo mehr dazuzugehören. Ich erinnere mich noch gut an eine Klassenfahrt, auf der sich alle Mädchen für die abendliche Kinder-Disco schminkten. Auch ich wurde damals geschminkt, die Erinnerung daran kann ich noch heute fast körperlich spüren – ich wusste nicht, was ein Mascara-Stift ist, und hatte große Angst davor, dass mir mein Auge ausgestochen werden könnte. Es fühlte sich an, als wäre mir ein Kostüm übergezogen worden, das ich nicht tragen wollte. Das mit dem Schminken begriff ich auch viele Jahre später noch nicht – ich habe einfach nie verstanden, warum an Mädchen oft diese unausgesprochene Erwartung gestellt wird, sich zu schminken, doch an Jungs nicht.

Doch während das Schminken etwas war, für das ich mich entscheiden konnte, waren die Veränderungen meines Körpers etwas, das ich nicht aufhalten oder beeinflussen konnte. Der Moment, in dem meine Brüste wuchsen, war für mich einer der schlimmsten meines Lebens. Die Pubertät traf mich hart, und ich hatte keine Chance, mich zu wehren – auch wenn ich es ab und an versuchte und auf meine Brüste einschlug oder eine Schere nahm, um mich damit zu schneiden. Doch nichts konnte ihr unaufhörliches Wachstum stoppen. Es gab nichts, das ich tun konnte, um diese Veränderungen aufzuhalten. Die Zeit meiner ersten Pubertät war ein furchtbarer und gewaltvoller Lebensabschnitt, in dem ich fast täglich damit konfrontiert war, dass mein Leben nicht mehr so frei und unbeschwert war, wie es mir lange Zeit erschienen war.

Mir fällt übrigens selbst auf, wie oft ich *Ich erinnere mich* schreibe – fast schon wie eine mantrahafte Beschwörungsformel. Ich glaube, ich tue das, um mir selbst zu versichern, dass diese Erinnerungen tatsächlich wahr sind. Eigentlich erinnere ich mich nämlich an nicht sehr viel zwischen meinem vierten und zwölften Lebensjahr. In der großartigen Serie *Euphoria* sagt Rue, eine der Hauptfiguren: «Die Welt drehte sich schnell, mein Gehirn war langsam.» Als Kind drehte sich meine Welt zu schnell für mein Gehirn. Als ich drei Jahre alt war, zogen meine Eltern mit mir für ein paar Jahre nach Marokko, doch ich erinnere mich an nichts mehr aus dieser Zeit. Meine einzige Erinnerung ist ein immer wiederkehrender Albtraum, der mich in meiner Kindheit nächtelang aufgesucht hatte. In dem Traum wusste ich nie, ob ich wach war oder schlief – ich lag in meinem Bett und wusste, dass sich mir eine schwarzgekleidete und bedrohliche Gestalt näherte. Nacht für Nacht fürchtete ich mich davor, dass sie näher kam. Ich wünschte mir immer, endlich aufzuwachen, doch im Traum war ich die ganze Zeit wach.

Aus Erzählungen von anderen weiß ich, dass ich im Kindergarten nicht sprach – nicht ein einziges Wort. Die Erzieher*innen ließen mich gewähren, in der Hoffnung, ich würde schon irgendwann meinen Mund aufmachen und anfangen zu sprechen. In meinem ersten Schulzeugnis stand, dass ich «kontaktbereit, aber zurückhaltend» gewesen sei.

In der öffentlichen Diskussion wird oft besorgt angemerkt, dass Kinder, die früher einfach Kinder sein durften, heute zu trans Kindern gemacht werden würden. Ich glaube nicht, dass Eltern Kinder trans machen können. Ich glaube jedoch daran, dass es gut ist, wenn Eltern heutzutage achtsamer, hellhöriger und offener sind. Mir selbst wäre so viel Leid erspart geblieben, hätte ich schon mit elf Jahren verstanden, was mit mir los ist. Oder mit sechzehn. Oder mit einundzwanzig. Und nicht erst mit einunddreißig Jahren. Das sind einfach viel zu viele Jahre, in denen ich überleben musste, ohne wirklich Luft zu bekommen.

In welche Schublade passe ich?

Auch wenn ich damals nicht genau wusste, wer ich eigentlich war, wusste ich ziemlich genau, wer ich nicht sein wollte. Ich wollte mit Mädchen zusammen sein, doch ich selbst wollte kein Mädchen sein, ich wollte diesen Körper nicht, und ich wollte auch nicht die Erwartungen erfüllen, die anscheinend an Mädchen gestellt wurden.

Antworten auf die Frage, wer ich sein möchte und wie ich leben und lieben kann, habe ich seit jeher in Büchern gesucht. Für mich ist Literatur ein Ausweg – nicht aus dem Leben heraus, sondern ins Leben hinein. Bücher sind eine Möglichkeit, einen Blick in andere Leben zu werfen und dabei Orientierung und Anleitung zu erhalten. Doch in den Büchern, die ich las, als ich zu einem Teenager heranwuchs, gab es keine Figuren, die mir ähnelten. Ich fand keine Vorbilder für das, was ich fühlte. Ich las Bücher über Jungs, die andere Jungen liebten, und manchmal entdeckte ich auch Bücher, die von Mädchen erzählten, die andere Mädchen liebten. Doch die nahezu komplette Abwesenheit von Menschen, mit denen ich mich hätte identifizieren können, führte dazu, dass ich mich in meiner Pubertät oft seltsam und fremd fühlte.

Irgendwann bekam ich zunehmend das Gefühl, dass etwas an mir ekelhaft oder beschämend sein müsste. Alle meine Wünsche und Bedürfnisse verschoben sich in einen Bereich von Heimlichkeit und Scham. Manchmal klaute ich meinem Vater ein Hemd aus dem Schrank – oder ein Jackett. Ab und an zog ich mir auch besonders enge Oberteile an, um mir damit die Brüste abzubinden.

Schon damals waren glückliche Tage Tage, an denen ich für einen Jungen gehalten wurde – was aufgrund meiner kurzen Haare nicht selten vorkam. Bei alldem verspürte ich jedoch ständig Angst davor, gerade etwas Verbotenes, Falsches oder Schambehaftetes zu tun.

Bei meinem Wunsch, als Junge Kontakt zu Mädchen zu knüpfen, half mir lange Zeit das Internet. Einige Jahre lang gab ich mich auf verschiedenen Plattformen als Junge aus und chattete mit Mädchen, die ich dort kennengelernt hatte. Ich weiß noch, wie ich mich damals nannte und dass mein Profilbild ein Foto des Schauspielers Edward Furlong war. Für mich war die Möglichkeit, mir im anonymen Internet mein wahres Geschlecht und eine andere Identität zuzulegen, fast eine Befreiung – auch wenn der Kontakt natürlich immer eine Art unsichtbare Grenze hatte, da ich mich mit den Mädchen weder treffen noch mit ihnen telefonieren konnte, aus Angst, dass sonst alles auffliegen würde. Ich erinnere mich nicht mehr genau an den Moment, an dem ich dennoch eine «Beziehung» mit einem dieser Mädchen einging: Die Beziehung – auch wenn sie nur im Internet stattfand – dauerte fast ein Jahr, und ich habe heute noch manchmal ein schlechtes Gewissen, dass ich einen anderen Menschen so schwer täuschte. Aber war es überhaupt eine richtige Täuschung?

Gerettet hat mich ein Buch, das ich am 4. Dezember 2003 las. Ich weiß das noch so genau, weil ich in meinem Tagebuch festhielt, dass ich an dem Tag ein wirklich gutes Buch gelesen hatte. *Boys Don't Cry* von Aphrodite Jones entdeckte ich zufällig in der Bücherei. In den Monaten zuvor war ich immer häufiger zu den zwei Regalen gegangen, die mit dem Schild *Frauenbücher* versehen waren. Jones' Buch veränderte mein Leben von einem Tag auf den anderen. Ich habe es übrigens niemals zurückgebracht – es stand jahrelang in meinem Regal, bis ich mich 2017 dazu entschied, es an die Bücherei zurückzuschicken. Gelesen habe ich es mit geschlossener Zimmertür und angehaltenem Atem. In *Boys Don't Cry* wird die Geschichte eines realen Kriminalfalls erzählt:

Im ländlichen Nebraska wurden 1993 drei Menschen erschossen – darunter Brandon Teena, ein trans Mann. Im Buch verliebt Brandon sich in seine Freundin Lana, doch als zwei Freunde von Lana – John Lotter und Marvin Nissen – herausfinden, dass Brandon trans ist, vergewaltigen und töten sie ihn.

Nachdem ich das Buch gelesen hatte, schaute ich mir noch mehrmals die Verfilmung an und studierte stundenlang Brandons Gestik und Mimik. Ich schaute mir auch unzählige Male an, wie Lana und Brandon miteinander Sex haben, und fühlte mich zum allerersten Mal in meinem Leben nicht mehr seltsam und allein. Lana nimmt Brandon so an, wie er ist – sie akzeptiert seinen Körper nicht nur, sondern sie liebt und begehrt ihn auch.

Ich wollte alles über diesen Menschen wissen. Obwohl vieles im Film darauf hindeutet, dass Brandon Teena ein trans Mann ist, bekommt er in der Berichterstattung oft das Label Butch aufgedrückt. Als ich das Wort zum ersten Mal las, hatte ich keine Ahnung, was es bedeutet. Ich weiß noch, wie ich es damals zum ersten Mal bei Google eingab, fieberhaft alles dazu nachlas, was ich finden konnte, und dabei glaubte, eine völlig neue Welt zu entdecken, die mir doch so bekannt vorkam.

Butches sind Lesben, die sich besonders männlich oder maskulin geben und kleiden. Endlich hatte ich das Gefühl, ein Wort für das zu haben, was ich war und empfand. Ich hatte gar nicht unbedingt das Bedürfnis, eine Szene oder eine Bewegung zu finden, zu der ich mich zugehörig fühlte, ich wollte einfach nur nicht mehr mit dieser Scham leben und das Gefühl haben müssen, alleine zu sein. Ich wollte ein Etikett, das mir eine Erklärung dafür gab, warum ich anders war als die meisten Mädchen um mich herum. Ich brauchte einen Begriff und eine Schublade, weil ich das Gefühl hatte, dass ich so seltsam war, dass ich aus allen Normen fiel.

Heute finde ich es interessant, dass ich mir das Lebel Butch suchte – und nicht das Label trans Mann. Damals konnte ich mir nicht vorstellen, dass mein Weg noch nicht zu Ende sein könnte. Ich hatte für mich doch einen Begriff und ein Label gefunden, das halbwegs zu mir passte. Heute weiß ich, dass die eigene Selbstfindung oftmals ein Prozess ist, der niemals abgeschlossen ist.

Stone Butch Blues

Alles änderte sich, als ich im Sommer 2017 einen Text über mein Leben als Butch für eine Anthologie schrieb. Im Rückblick erscheint mir das selbst komisch, aber dieser Text gehört zu mir und zu meiner Geschichte. Als ich in einer lesbischen Partnerschaft lebte, versteckte oder verheimlichte ich meine sexuelle Orientierung nie, doch ich lebte sie auch nicht öffentlich aus. Ich besuchte keine queeren Orte, las keine queeren Bücher, kaufte keine queeren Magazine, engagierte mich nicht für queere Politik, freute mich nicht über queere Serien. Ich gehörte nicht dazu, ich fühlte mich nicht zugehörig.

Ein paar Monate zuvor saß ich zusammen mit Stefan in seiner Küche. Er schwärmte mir begeistert von einem Buch vor und sagte: «Aber das kennst du doch bestimmt, wenn du queer bist?» Ich kannte es nicht und hätte mich damals wohl selbst auch niemals als queerer Mensch bezeichnet. Was bedeutet das überhaupt? Queer? Ich glaube, ich wusste mein Leben lang nie wirklich, was ich bin, weil ich nicht einmal wusste, wer ich eigentlich bin.

Als ich sechs Jahre alt war, war ich noch überzeugt davon, dass mir über Nacht ein Penis wachsen würde – dann wäre ich endlich genauso komplett wie mein Bruder. Eine Zeitlang habe ich jeden Morgen enttäuscht an mir heruntergeblickt, weil dort einfach nichts wuchs.

Wenn ich mir heute alte Fotos von mir anschaue, denke ich oft, dass es doch offensichtlich gewesen ist. Ich sehe die Fotos und glaube, dass einem mein Unwohlsein doch beinahe schon entgegenspringen musste. Ist das nie jemandem aufgefallen? Warum hat das niemand sehen können? Wollte es niemand sehen? Ich sehe aus wie eine verkleidete Hülle – ohne Inhalt, innerlich leer. Doch ich hatte damals zu viel Angst davor, meinen Bedürfnissen zu vertrauen – oder: ihnen überhaupt zu glauben.

Zwei Jahre später schreibt mir meine Freundin Wibke in einer Nachricht, wie sie mich damals wahrgenommen hat: «Du bist immer präsenter. Als wir uns damals kennenlernten, kamst Du mir fern vor, viel Raum zwischen uns – obwohl Du vor mir standest. Als ob Du Dich in Sicherheit gebracht hättest. Nicht vor mir, eher vor den Menschen drum herum. Nun kommst Du mir viel freier vor, näher dran. Wagemutiger, das Leben beim Wickel zu packen.»

Wenn mich Menschen heute fragen, wie ich denn damals eine Butch sein konnte oder wieso ich so lange glauben konnte, dass ich eine lesbische Frau sei, habe ich keine schlüssigen Antworten darauf. Ich selbst hätte mich nie als lesbische Frau bezeichnet, genauso wenig wie ich mich selbst als queer bezeichnet hätte. Ich war überhaupt nicht da – ich hatte keinen Bezug zu mir selbst, oder wie Wibke es formuliert: Da war so viel Raum zwischen mir und dem Rest der Welt.

Es gibt von der englischen Autorin Jeanette Winterson ein Buch mit dem Titel *Warum glücklich statt einfach nur normal?* – ich glaube, ich dachte damals, mich für ein normales Leben entscheiden zu müssen. Glück war für mich etwas Verzichtbares im Vergleich zu dem Wunsch nach Normalität.

Ab dem Moment, in dem mir klar wurde, dass es mir an Mut und Kraft – und sicherlich auch an Unterstützung und Hilfe – fehlte, um meine Wünsche zu verwirklichen, begann ich damit, mich von mir selbst abzuspalten. Es fühlte sich oft so an, als hätte ich meinen Körper verlassen und würde mich selbst von außen beobachten. Ich koppelte mich von mir selbst ab – von meinem Körper, meiner Identität, meinen Wünschen, meinen Bedürfnissen. Ich tat das, um ertragen zu können, dass ich ein Leben führte, in dem nichts zueinanderpasste.

Ich konnte nie sagen, was mir gefiel, woran ich Freude hatte oder was ich mir wünschte, weil ich an irgendeinem Punkt meines Lebens den Kontakt zu mir selbst verloren hatte. Die Verbindung musste gekappt werden. Chanel Miller schreibt in ihrem großartigen Buch *Ich habe einen Namen* über den Tag, an dem sie vergewaltigt wurde: «Ich steckte die Erinnerungen an jenen Morgen in ein großes Glas. Dieses Glas nahm ich und trug es tief, tief hinab, eine Treppe nach der anderen, und stellte es in einen Schrank, den ich abschloss. Dann lief ich die Treppe schnell wieder hinauf, um das Leben fortzuführen, das ich mir aufgebaut hatte [...]. Das Glas war verschwunden.»

In meinem Keller stand auch ein Glas, darin waren all die Wünsche und Bedürfnisse, die ich mir nicht erfüllen durfte. Ich kann nicht sagen, wie mein Leben verlaufen wäre, wenn ich damals mehr Unterstützung gehabt hätte oder vielleicht auch einfach mehr Mut, mehr Kraft, einen stärkeren Willen. Hätte ich mich früher geoutet? Hätte ich mir den langen Umweg ersparen können? Ich weiß es nicht, doch es ist, wie es ist. Ich musste erst lernen, mir bestimmte Fragen nicht mehr zu stellen.

Der Text, den ich im Sommer 2017 über mein Leben als lesbische Frau schrieb, erschien damals nicht nur in der Anthologie, sondern auch im *Tagesspiegel*. Ich erinnere mich noch sehr gut an meine damalige Aufregung und Nervosität. Mein Leben lang war ich unsichtbar geblieben, und plötzlich machte ich mich nicht nur sichtbar, sondern gleich ganz und gar nackt. So fühlte sich das zumindest damals an. Eine Freundin, die den Text vorab las, riet mir dazu, ihn anonymisiert zu veröffentlichen. Doch das wollte ich nicht, irgendetwas in mir wollte diese Bühne, die Öffentlichkeit, die Aufmerksamkeit.

«Mein langer Weg zur glücklichen Stone Butch» – unter diesem Titel wurde mein Artikel damals veröffentlicht. Geschrieben habe ich einen Text, der mich viel Kraft und Mut kostete. In dem Text erzählte ich davon, dass ich eine lesbische Butch sei – doch das war wohl schon immer nur ein kleiner Teil der ganzen Geschichte. Denn da gab es noch dieses eine kleine Geheimnis. Dieses Geheimnis lag wie ein tonnenschwerer Brocken auf meiner Brust, und ich sprach mit niemandem darüber. Nur manchmal, wenn ich alleine vor dem Spiegel stand, sagte ich: *Ich möchte ein Junge sein, ich bin ein Junge* – nur wem ich davon erzählen könnte, das wusste ich nie.

Als ich heranwuchs, brachte ich diesen Jungen zum Schweigen – er musste verschwinden, weil er mich in Schwierigkeiten brachte und weil ich befürchtete, dass sich andere vor ihm ekeln könnten. In all den Jahren war er immer da, irgendwo tief in mir vergraben: Doch die Befürchtung, dass meine Eltern, meine Partnerin, meine Freund*innen oder meine Arbeitskolleg*innen diesen Jungen nicht akzeptieren könnten, hat mich schweigsam, ängstlich und beschämt werden lassen.

Jeder Blick in den Spiegel war eine Qual, mein Körper fühlte sich falsch an, meine Kleidung hing wie etwas Fremdes an mir herunter, und meine Frisur habe ich gehasst. Denn in all den Jahren habe ich nicht gewusst, dass ich dieser Junge sein darf, dass das, was ich mir wünsche, tatsächlich erlaubt ist – und von niemandem bestraft wird.

«Hallo, ich heiße Linus» sind vier Worte, bei denen ich mir viele Jahre lang nicht einmal in meinen kühnsten Träumen vorstellen konnte, sie jemals laut aussprechen zu können. Jetzt sage ich diese Worte fast täglich. Häufig wird aus diesen vier Worten sogar ein ganzer Satz, und ich sage: «Hallo, ich heiße Linus, und ich bin trans.»

All das, vor dem ich mein Leben lang so große Angst hatte, ist nicht eingetreten. Für mich war der Wunsch, ein Mann zu sein, mit so starken Gefühlen der Angst, der Scham und des Ekels verbunden, dass ich lange Zeit das Gefühl hatte, ein schmutziges Geheimnis bewahren zu müssen. Ich befürchtete, dass mich all die Menschen, die ich liebe, verlassen könnten, sobald ich mich ihnen offenbare.

Zwischen der Gewissheit, ein Junge zu sein, und meinem Leben als Linus liegen ganze fünfundzwanzig Jahre. Was ist in der Zwischenzeit passiert? Warum hat es so lange gedauert, bis ich diese Gewissheit wiedergefunden habe? Wie soll ich auf die verstrichene Zeit zurückblicken? Wie fülle ich die Tatsache mit Sinn, dass ich fünfundzwanzig Jahre verloren habe, in denen ich mich mit einem Körper und einem Leben quälte, mit dem ich mich nie wohl fühlte?

Ich glaube, die Tatsache, dass das Coming-out bei mir so lange gedauert hat, erwähne ich sehr oft. Ich kann nicht anders, als damit zu hadern, wie viel Zeit ich verloren habe.

In einem Kommentar unter meinem Artikel fragte mich ein Leser, ob ich schon einmal darüber nachgedacht hätte, vielleicht ein trans Mann zu sein. Ja, hatte ich. Jahrelang. Aber ich wusste nicht, dass ich das darf. Ich wusste nie, dass mir diese Möglichkeit wirklich zur Verfügung stand. Ich wusste nur, dass ich ein Mann sein wollte, ich wusste nicht, wie der Weg dahin aussah. Ich wünschte, meine Lebensgeschichte wäre schlüssig, geradlinig und nachvollziehbar. Doch sie ist es an vielen Stellen nicht.

Ich weiß nicht, warum ich schon mit sechs Jahren wusste, dass ich einen Penis haben möchte, mich dann aber fünfundzwanzig Jahre lang so quälen musste, bevor ich endlich den Mut fand, ein neues Leben zu beginnen. Ich kann auch nicht sagen, was letztendlich den Anstoß gab. Warum plötzlich jetzt? Warum nicht vorher? Was war der Auslöser?

Ich habe darauf keine Antwort, nur den Versuch einer Erklärung: Irgendwann erreichst du einen Punkt in deinem Leben, an dem du weißt, dass du nicht so weitermachen kannst wie all die Jahre davor. Irgendwann triffst du die Entscheidung, wer du bist und was du willst. Peng. Es ist so einfach manchmal, wirklich.

Ich glaube, durch das Schreiben des Textes wurde ein Prozess in mir in Gang gesetzt, der nicht mehr aufzuhalten war. Ich muss gerade wieder an die Textstelle aus dem Buch von Chanel Miller denken: Ich war in den Keller gegangen und hatte das Glas wieder hochgeholt. Ich hatte es aufgeschraubt, damit das, was dort drin war, wieder atmen konnte. Die Diskrepanz zwischen dem Leben, das ich führte, und dem, das ich mir wünschte, führte dazu, dass ich mich irgendwann innerlich ganz ausgehöhlt fühlte. Ich hatte immer stärker das Gefühl, etwas in mir zu tragen, das aus mir herausdrängte.

Es macht einen auf Dauer stumm, eine Wahrheit in sich zu tragen, die man niemandem zeigen kann, die man nicht leben kann. An manchen Tagen fühlte sich diese Wahrheit wie ein Krebsgeschwür an, das ich am liebsten aus mir herausgeschnitten hätte. Doch das ging nicht. Im Sommer 2017 konnte ich das, was aus mir herauswollte, nicht mehr zurückhalten.

Deshalb stand ich irgendwann in einem Café am Frankfurter Hauptbahnhof und sagte meinen neuen Namen: *Linus*. Ich stand dort damals ohne Karte oder Kompass und ohne eine Vorstellung davon, was auf mich zukommen würde. Ich wusste nur, so wie bisher darf es nicht weitergehen.

Ein kompletter Neustart

Zwei Tage nach meinem Coming-out setzte ich mich frühmorgens in den Zug nach Berlin, um mich dort in einem Buchladen vorzustellen. Den Abend davor hatte ich mit Freund*innen in Frankfurt verbracht, erst frühmorgens war ich wieder in meine Wohnung nach Mühlheim zurückgekehrt. Ich legte mich auf die Couch, um mich kurz auszuruhen, und schlief dann so tief ein, dass ich fast meinen Zug verpasste, der ein paar Stunden später fuhr.

Wenn ich mich an solche Momente zurückerinnere, muss ich wieder darüber nachdenken, wie stark unser Leben von Zufällen abhängt. Was wäre gewesen, wenn ich verschlafen hätte? Was wäre gewesen, wenn ich es nicht rechtzeitig geschafft und den Zug verpasst hätte? Hätte ich noch eine zweite Chance bekommen? Wie wäre mein Leben verlaufen, wäre ich nicht nach Berlin gezogen?

Warum habe ich mich überhaupt in Berlin beworben? Ich fühlte mich bei Tine und Daniel in Mühlheim wohl, aber ansonsten hielt mich nichts mehr dort, und mir gefiel die Aussicht darauf, mit meinem neuen Namen an einem neuen Ort neu anfangen zu können. Schon seit Jahren hatte ich nicht mehr selbst entschieden, wo ich eigentlich gerne leben würde – ich zog immer dorthin, wohin mich meine Lebensumstände führten. Nach Berlin wollte ich unbedingt – es war fast so, als würde mich irgendetwas in dieser Stadt magisch anziehen.

Zum Zeitpunkt meiner Bewerbung war ich mir mit mir selbst und mit meiner Identität noch sehr unsicher. War ich schon Linus? So ganz offiziell? Durfte ich mich auch so nennen? Und vor allem: Durfte ich von anderen einfordern, so genannt zu werden? All diese Fragen hatte ich für mich noch nicht beantwortet.

Ich fuhr nach Berlin, und ich stellte mich in der Buchhandlung vor, aber ich traute mich nicht zu sagen, dass ich doch eigentlich gar nicht die Person war, die sich dort vorstellte, sondern Linus! *Ich bin Linus* – diese drei Worte blieben mir das ganze Gespräch über im Hals stecken. Zum einen natürlich aus Angst, nicht akzeptiert zu werden, zum anderen hatte ich aber auch große Angst davor, eine Absage zu bekommen – und dann für immer davon ausgehen zu müssen, dass mir abgesagt wurde, weil ich Linus sein wollte.

Ein paar Tage später bekam ich einen Anruf: Ich hatte den Job! Bereits Anfang November sollte ich nach Berlin kommen und in der Buchhandlung anfangen.

Die Gedanken in meinem Kopf purzelten durcheinander: Wo sollte ich wohnen? Wie sagte ich meinem Chef, dass ich kündigen möchte? Wie sagte ich es meinen Kolleg*innen? Eine Kollegin meinte später mal zu mir: «Du musst für dich einstehen, Linus, sonst wird es niemand tun.» Dass es okay ist, Entscheidungen zu treffen, die andere falsch, unangenehm oder schwierig finden könnten, ist etwas, das ich erst lernen musste in den letzten Jahren.

Das Wichtigste war, zuallererst meinem Chef in Hanau zu sagen, dass ich vorhatte, in Berlin neu anzufangen. Ich war noch in der Probezeit, hatte aber große Angst davor, meine Kolleg*innen zu enttäuschen oder hängenzulassen. Ich schob diese Aufgabe tagelang vor mir her. Ich setzte immer wieder an, aber schaffte es einfach nicht. Ich sagte es ihm schließlich am letztmöglichen Tag, kurz bevor er zum gemeinsamen Wochenendurlaub mit seiner Frau aufbrach. Das nennt man perfektes Timing, oder? Ich saß bei ihm im Büro und stolperte durch die Sätze, die ich mir seit Tagen im Kopf zurechtgelegt hatte. Wenn ich heute an diesen Moment zurückdenke, muss ich über den Menschen, der ich damals war, fast ein bisschen lachen. Ich hatte so eine große Angst davor, Entscheidungen zu treffen – davor, für mich einzustehen und damit gleichzeitig andere Menschen zu enttäuschen. Ich hatte mich jahrelang daran gewöhnt, meine eigenen Bedürfnisse zurückzustellen und mich darauf zu konzentrieren, wie es den Menschen um mich herum geht. Mein Chef war damals natürlich überrascht, aber wir fanden gemeinsam eine Lösung, und ich habe ihn seitdem sogar einmal wiedergetroffen. Ich glaube, viele Menschen sind mir gar nicht so böse, wie ich es ihnen oft unterstelle.

Nachdem ich meine Kündigung endlich hinter mich gebracht hatte, begab ich mich auf Wohnungssuche und fand ein kleines Zimmer in Neukölln. Jetzt musste ich nur noch Tine und Daniel mitteilen, dass ich nach wenigen Wochen schon wieder weiterziehen würde. Ein paar Tage zuvor hatten wir noch zusammen am Tisch gesessen und den Mietvertrag unterschrieben. Als ich es ihnen endlich erzählt hatte, war ich erleichtert.

Zwei Wochen später brachten sie mich zum Bahnhof in Hanau und setzten mich mit zwei Koffern in den Zug nach Berlin. Der eine der beiden Koffer war riesig, er war fast so groß wie ich. Ich hatte ihn ein paar Tage zuvor in einem Kaufhaus in Frankfurt gekauft. In den beiden Koffern befand sich alles, was ich damals besaß. Der Rest – vor allem meine schmerzlich vermissten Bücher – musste ich in einem Lager in Würzburg zurücklassen.

Ein paar Bücher ließ ich auch bei Tine und Daniel stehen. Bücher haben mir schon immer über alle Maßen Trost gespendet – überall, wo ich bin, häufe ich in kürzester Zeit einen oder gleich mehrere Stapel an. Ich glaube, ich ließ diese Bücher auch bei Tine und Daniel stehen, damit ich immer wieder einen Grund hatte zurückzukommen.

Einen Tag bevor ich nach Berlin aufbrach, bekam ich eine Mail von Anna. Anna war damals meine Teamleiterin. Sie schrieb mir, dass sie gesehen habe, dass ich mich online – auf Twitter und auf meinem Blog – Linus nenne, und sie fragte mich, ob ich auch bei ihnen als Linus anfangen wollte. Als ich diese Nachricht las, flossen mir sofort Tränen über die Wangen. Ich war überrascht, wie einfach das plötzlich war – und ich war dankbar: Anna fragte mich, ob ich Linus sein möchte. Ich weiß nicht, wie lange es gedauert hätte, bis ich selbst darum gebeten hätte. «Ja, ich würde gerne Linus bei euch sein», antwortete ich Anna. Danach saß ich auf meinem Bett und hielt die Luft an, während ich auf die Antwort wartete. Als mein Handy kurze Zeit später vibrierte, zitterten meine Hände beim Öffnen der Nachricht:

«Da bin ich aber froh, dass ich mich getraut habe, Dich direkt zu fragen. Sehr gern ändere ich das noch im Plan. Dann bist Du für uns ab jetzt Linus.

Liebe Grüße

Anna»

Oh. Oh. Oh. Oh mein Gott. Ich las Annas Worte so oft, bis ich sie glauben konnte. Dann sprang ich vom Bett auf und hüpfte vor Freude und Erleichterung durch mein Zimmer.

Berlin

Im November 2017 kam ich mit meinen zwei Koffern nach Berlin. Die ersten zwei Tage verbrachte ich in einem Hotelzimmer in der Nähe des Alexanderplatzes.

An meinem allerersten Arbeitstag im Buchladen ploppte eine Nachricht auf dem Computer auf, in der es darum ging, dass ich noch fehlende Unterlagen nachreichen müsste – in der Nachricht wurde der richtige Name verwendet, aber das falsche Pronomen. *Okay*, dachte ich mir, *das wird wahrscheinlich ein Lernprozess für uns alle hier.*

Es war auch für mich selbst ein Lernprozess: Als im Laden zum ersten Mal das Telefon klingelte und ich abnahm, meldete ich mich mit meinem alten Namen. Mir wurde in derselben Sekunde, in der ich den Namen aussprach, bewusst, was passiert war – vor Schreck fiel mir das Telefon fast aus der Hand. Mir schossen sofort zahlreiche Fragen durch den Kopf: *Warum ist mir der Name nur rausgerutscht? Was steckt dahinter? Bedeutet das, dass ich das alles doch nicht ernst meine? Habe ich mich vielleicht geirrt?* Heute würde ich den Menschen, der ich damals war, gerne in den Arm nehmen und trösten. Ich würde ihm gerne sagen, wie normal das ist, und ihm erzählen, dass das wahrscheinlich fast allen schon einmal passiert ist. Ich hatte mich so lange mit diesem Namen am Telefon gemeldet, diese alte Gewohnheit plötzlich abzulegen, war nicht einfach.

Ich erzähle diese Geschichte auch, um anderen trans Menschen die Angst vor ähnlichen Momenten zu nehmen. In den ersten Monaten nach meinem Coming-out ist es mir noch oft passiert, dass ich mich selbst misgendert habe. Ich hätte mich jedes Mal ohrfeigen können, aber so etwas passiert – es ist normal und zeigt nur, dass das für uns alle ein Lernprozess ist, der manchmal länger dauern kann.

Eine der lustigsten Begegnungen hatte ich mit einer Kundin im Buchladen, die für ihre Tochter ein Buch über Fußball suchte. «Ich finde es toll, wenn Mädchen sich für Fußball interessieren, ich habe selbst in einer Mädchenmannschaft gespielt», erzählte ich ihr freimütig, während mir im Gesicht bereits die ersten Barthaare wuchsen. Sie schaute mich irritiert an – und ich war auch irritiert: Ich wusste nicht, wie ich die Situation wieder auflösen sollte.

Als mein erster Arbeitstag zu Ende ging, fing ich irgendwann an, immer öfter auf die Uhr zu schauen. Ich wollte am Abend unbedingt das erste Mal zu *trans toy* gehen – ich hatte von *trans toy* zufällig erfahren, während ich stundenlang das Internet nach Informationen durchforstet hatte. *Trans toy* ist ein Sexshop, in dem es aber auch alles mögliche Zubehör für trans Menschen gibt, zum Beispiel Binder für das Abbinden der Brüste oder spezielle Schwimm-Shirts, damit trans Männer auch ins Schwimmbad gehen können. Der Laden befindet sich in einem privaten Wohnzimmer in einem Berliner Altbau, ganz in der Nähe vom Mehringdamm. Ich erinnere mich noch daran, wie ich ziemlich viele Treppen hochsteigen musste, bis ich endlich ganz oben angekommen war.

Es war auf der Arbeit so spät geworden, dass ich mir ein Taxi hatte nehmen müssen, um es noch rechtzeitig zu schaffen. Zehn Minuten bevor der Laden zumachte, bog das Taxi in die Straße ein. Als ich in der Wohnung ankam, war ich der einzige Kunde. Fynn, der an diesem Tag dort arbeitete, begrüßte mich. Ich war angespannt und aufgeregt. Ich war vorher noch nie in einem Sexshop gewesen, ich wusste auch nicht, dass es Sexshops in Wohnzimmern gibt. Ich hatte das Wort Sexshop bisher immer mit etwas Dunklem, Schmutzigem verbunden, über das besser nicht gesprochen werden sollte. Ich schämte mich, dorthin zu fahren, als würde ich etwas Verbotenes tun. Als ich dann da war, war ich erstaunt, wie offen, herzlich und freundlich Fynn war. Er suchte mir zwei Binder heraus und schickte mich damit ins Badezimmer. Ich probierte beide an, der zweite passte mir – ich bat Fynn, zu mir hereinzukommen, weil mir seine Einschätzung wichtig war. Er hatte Erfahrung und kannte sich aus. Ich kaufte den Binder, packte ihn in meine Tasche und fuhr glücklich zurück in mein Hotelzimmer.

In den ersten Monaten in Berlin hatte ich viele dieser kleinen Begegnungen und Erlebnisse, die mir dabei halfen, ein wenig von meiner Scham und Verunsicherung abzulegen. Ich war immer sehr gehemmt gewesen, es wäre für mich lange Zeit vollkommen unvorstellbar gewesen, in einen Sexshop zu gehen, der sich auch noch im Wohnzimmer einer Privatwohnung befand, und dort der einzige Kunde zu sein, der einen Mitarbeiter um Hilfe bittet. Doch plötzlich tat ich solche Dinge.

Minette

Zu diesen Dingen, die ich plötzlich tat, gehörte auch, dass ich mich zum ersten Mal in meinem Leben malen ließ – von Minette.
Im Spätsommer 2017 hatte ich Minette kennengelernt. Damals war es noch so warm gewesen, dass wir zusammen auf ihrem Balkon sitzen konnten. Minette ist in Berlin dadurch bekannt geworden, dass sie queere Persönlichkeiten der Stadt porträtiert. Entwickelt hat sich daraus eine Serie mit über neunzig Porträts, die alle ganz klassisch entstehen – *painted from life* – mit großem Einsatz von Zeit, Geduld und Kraft auf Seiten der Modelle. Zunächst trugen die Bilder als Titel die Berufsbezeichnung der Porträtierten. Doch irgendwann ging Minette dazu über, stattdessen deren Namen zu verwenden – viele der Menschen, die sie im Laufe der Jahre gemalt hat, haben sich ihre Namen selbst ausgesucht.
Minette kontaktierte mich, nachdem sie meinen Artikel im *Tagesspiegel* gelesen hatte, und fragte, ob sie mich porträtieren dürfte. Ich fühlte mich geehrt, aber auch ein bisschen überrumpelt. Ich schaute mir ihre anderen Arbeiten an und sagte daraufhin sofort zu. Die Idee, mich von jemandem malen zu lassen, fand ich gleichermaßen schmeichelhaft wie aufregend.
Es wurde November, bis ich Minette wiedertraf – ich stand in ihrem kalten und zugigen Atelier, als Minette die erste Skizze von mir anfertigte. Als Erstes mussten wir eine Position für mich finden – doch eine Idee, wie ich mich zeigen und was ich auf dem Bild darstellen wollte, hatte ich nicht. Ich war unsicher und zurückhaltend. Ich war durch all die Jahre an der Universität – wo ich Kulturwissenschaft und Germanistik studiert hatte – gekommen, ohne mich ein einziges Mal zu melden – so schlimm war das Aus-

maß meiner Schüchternheit. *Ich möchte dieses* oder *Mir gefällt jenes* – solche Sätze kamen mir damals nur in Ausnahmefällen über die Lippen. Minette hatte unterschiedliche Requisiten in ihrem Atelier – ich probierte einiges davon aus, doch nichts fühlte sich so richtig passend an. Dann holte sie den Bärenkopf hervor, er war aus weißem Stoff und mit einem Schaumstoffkissen gefüllt. Wegen der weißen Farbe erinnerte mich der Kopf sofort an einen Eisbären.

Mir gegenüber stand Minette. Zwischen uns befand sich eine Leinwand, auf der sie mich später mit Öl porträtieren würde. Für das Bild setzte ich meine Brille ab. Ohne Brille fühle ich mich oft schutzlos und ausgeliefert, weil ich schlecht sehen kann. Wenn ich meine Brille abnehme, muss ich immer an den Sportunterricht aus meiner Schulzeit denken, wenn ich mich halbblind und verängstigt über das Feld mühte und hoffte, keinen Ball ins Gesicht zu bekommen. Jetzt erkannte ich nur die Umrisse von Minette, ihre Mimik konnte ich nicht sehen. Ich musste die Kontrolle abgeben, weil ich nicht mehr erkennen konnte, wie mein Gegenüber mich ansah.

Als es Wochen zuvor so warm gewesen war, dass wir noch in der Sonne zusammen auf ihrem Balkon hatten sitzen können, war mein Leben noch ein anderes gewesen. Ich trug noch einen anderen Namen. Und hatte im *Tagesspiegel* gerade einen Text über mein Leben als lesbische Frau veröffentlicht, der für viel Aufsehen gesorgt hatte. Ich befand mich mitten in der Trennung von meiner Partnerin und war kurz davor, endlich laut in die Welt hinauszuschreien, dass ich ein trans Mann bin. Ich nahm fast zehn Kilo ab, meine Hosen schlackerten an meinen Hüften, und meine Wangenknochen zeichneten sich deutlich ab. Ich war gehetzt, stand unter großem Druck. Oft wusste ich nicht, wo ich am nächsten Tag schlafen würde. Als ich auf Minettes Balkon gesessen hatte, saß ich dort die ganze Zeit mit vor der Brust verschränkten Armen – das war damals die Körperhaltung, die ich am häufigsten einnahm. Es war eine Mischung aus Schutz, Scham, Angst und Abwehr.

Nur wenige Wochen später befand ich mich in derselben Wohnung, doch mein Leben war ein anderes, und auch ich war nicht mehr derselbe. Ich hieß erst seit ein paar Wochen *Linus* und war vor wenigen Tagen mit zwei Koffern nach Berlin gezogen. Wie alle anderen auch hatte Minette aus dem Internet davon erfahren, dass ich nun anders hieß.

Als Minette mit der ersten Skizze zufrieden war, bereitete sie die Leinwand vor, und ein paar Tage später trafen wir uns wieder, um weiter an dem Bild zu arbeiten.

Als ich bei Minette ankam, bekam ich von ihr ein Unterhemd geliehen, das ich auf dem Bild tragen sollte. Unter dem Unterhemd trug ich den Binder, den ich mir bei *trans toy* gekauft hatte. Der Binder komprimiert meine Brüste und lässt sie dadurch flacher erscheinen. Dadurch, dass er so eng sitzt, ist er jedoch nicht sehr angenehm zu tragen. Nach ein paar Stunden muss ich ihn meistens schon wieder ausziehen.

Ein paar Tage bevor wie uns trafen, hatte ich nicht auf die Zeit geachtet und den Binder zu lange getragen – beim Aussteigen aus der U-Bahn war ich umgekippt. Als ich die Augen wieder aufmachte, lag ich auf dem Boden, und besorgte Menschen standen im Kreis um mich herum und schauten auf mich hinab. Seit dieser Erfahrung ziehe ich ihn nicht mehr so oft und nicht mehr so lange an.

Bevor Minette damit begann, mich zu malen, setzten wir uns erst noch einmal zusammen an den Küchentisch – wir tranken Tee und aßen Kuchen. Ich erzählte ihr, was bei mir in den letzten Tagen los war.

Dann fingen wir an: Minette hatte bei unserem letzten Treffen Streifen auf den Boden geklebt, damit ich noch wusste, wo ich mich genau hinstellen musste. Ich zog das Unterhemd an und begab mich in die richtige Position. Ich legte meine Brille ab und nahm den Eisbärenkopf in die Hand. Minette mischte in der Zeit die Farben, die sie verwenden wollte, und schaltete das Radio ein.

Vor dieser Erfahrung hätte ich mir niemals vorstellen können, wie anstrengend es sein kann, Modell zu stehen. Den Kopf eines Stoffeisbären für ein paar Sekunden oder auch nur wenige Minuten zu halten, ist nicht sonderlich anstrengend. Doch je länger dieses Halten dauert, desto anstrengender wird es. Ich stand dort so lange, bis meine Arme schmerzten und anfingen, unkontrolliert zu zittern. Niemals hätte ich mich getraut, um eine Pause zu bitten – doch zum Glück unterbrach Minette fast immer im genau richtigen Augenblick: «Wollen wir kurz Pause machen?»

Als es draußen immer dunkler wurde, beendeten wir die Arbeit. Ich zog das geliehene Unterhemd wieder aus und mein eigenes Hemd an. Ich musste in diesem Moment daran zurückdenken, wie ich es erst ein paar Monate zuvor zum ersten Mal angezogen hatte.

Minette und ich trafen uns viermal, dann war das Bild so weit fertig, dass ich als Modell nicht mehr benötigt wurde. Ich war traurig, als es keinen Grund mehr gab, die Nachmittage bei Minette in Neukölln zu verbringen.

Modell zu stehen war in vielerlei Hinsicht eine interessante Erfahrung. Es hat mich Überwindung gekostet, und es hat mich auch verletzbar gemacht. Ich habe meine Brille abgenommen und mich in die Hände von Minette begeben – ich war gespannt auf das Bild, weil ich auch gespannt darauf war, wie sie mich sehen würde. Wie würde ihr Blick auf mich ausfallen? Und würde ich mich in ihrem Blick wiedererkennen können?

In der Herrenabteilung

Zwei Monate vor meinem Coming-out ging ich zum ersten Mal in meinem Leben in die Herrenabteilung. Den meisten Menschen fällt es im Alltag wahrscheinlich gar nicht auf, doch wir leben in einer Welt, in der unzählige Orte nach Geschlechtern getrennt sind: Ich denke dabei an Toiletten, Fitnessstudios, Jugendherbergen, Friseure, Krankenhauszimmer oder auch Umkleidekabinen. Auch in den meisten Bekleidungsgeschäften gibt es eine Damen- und Herrenabteilung.

Unsere Gesellschaft ist eine Gesellschaft, in der die geschlechtliche Trennung immer noch eine erstaunlich wichtige Rolle spielt. Ich frage mich das ganz ernsthaft: Ist es nicht bereits seltsam, Kleidungsstücken überhaupt Geschlechter zuzuweisen? Warum ist die eine Hose eine Herrenhose und die andere Hose eine Damenhose? Und warum lassen wir uns – ich nehme mich da selbst gar nicht aus – so sehr davon bestimmen: Warum kaufen wir oft nach Geschlecht ein und nicht nach Geschmack? Statt in Männer- und Frauenhosen zu unterteilen, könnten wir auch einfach in Hosen mit und ohne Taschen unterteilen – oder? Am Ende des Tages gibt es auch einfach nicht den Frauen- und den Männerkörper: Warum also nicht das schöne, bunte Hemd in allen Größen an eine Kleiderstange hängen, sodass es breitschultrige Frauen und schmalgebaute Männer finden können und jede*r, die bzw. der eben bunte Hemden mag.

Kürzlich stand ich mit einer befreundeten Person in einem Bekleidungsgeschäft bei den Frauenhosen; als die Verkäuferin vorbeikam und uns sah, sagte sie: «Entschuldigen Sie, aber Männerhosen finden Sie oben.»

Viele nehmen diese Trennung vielleicht auch gar nicht so ernst: Ich kenne Männer, die gerne in der Frauenabteilung einkaufen, und Frauen, die gerne in die Herrenabteilung gehen. Keine große Sache, eigentlich. Doch für mich gab es da ein unausgesprochenes Verbot. Für mich war es lange Zeit unvorstellbar, dass ich auch eine Herrenhose anprobieren darf. Oder ein Herrenhemd.

Die Herrenabteilung, in die ich ging, befand sich im Untergeschoss. Ich musste eine Treppe hinuntergehen und kam an einem Pfeil vorbei, auf dem *Men this way!* stand. Es war, als würde ich eine unsichtbare Grenze überschreiten. Ich kam mir vor, als würde ich etwas Verbotenes tun. Ich hatte das Gefühl, alle starrten mich an und erkannten, dass ich hier falsch war. Ich hatte Angst, andere Männer könnten auf mich aufmerksam werden und mich hinauswerfen. Doch nichts davon passierte.

Als ich die unsichtbare Grenze übertrat, fühlte es sich an, als würde sich mir eine neue Welt offenbaren. Es war wie ein Paradies! Ich war früher nie gerne shoppen gegangen, Kleidung anzuprobieren war für mich immer eine Qual gewesen. Ich hatte mir auch nie Gedanken darüber gemacht, was mir stehen könnte oder was ich gerne tragen würde. Welcher Stil gefällt mir eigentlich? Was möchte ich gerne kombinieren? Welche Ästhetik spricht mich an? Das sind Fragen, die ich mir nie gestellt hatte.

Und dann stand ich plötzlich in der Herrenabteilung inmitten all dieser T-Shirts, Hemden und Hosen – und aus all den Sachen durfte ich mir etwas auswählen. Ich war förmlich überwältigt! Ich erinnere mich noch heute daran, wie ich mit unzähligen Kleidungsstücken in die Umkleidekabine ging und mich gar nicht entscheiden konnte, welches davon ich zuerst anprobieren sollte. Ich kaufte mir ein schwarzes Hemd, mehrere Pullover und eine Jacke. Auf den ersten Besuch in der «Herren»-Abteilung folgten in den kommenden Wochen und Monaten noch viele weitere.

Ich kaufte mir nicht nur eine neue Garderobe zusammen, sondern auch eine neue Identität. Ein neues Leben. «Du trägst ja ein Herrenhemd», bemerkte die Mutter von Stefan ein paar Wochen später. Ich fragte sie, woran sie das bemerkt habe, und sie meinte, an der für Herrenhemden typischen Knopfleiste. Ich strahlte vor Glück und dachte: *Vielleicht macht mich meine Kleidung endlich zu dem Menschen, der ich so gerne sein möchte.*

Einen Monat vor meinem Coming-out ging ich auch zum Friseur. Dazu muss man wissen, dass ich viele Jahre lang keinen wirklichen Haarschnitt hatte. Meine Haare wuchsen einfach, und ab und an ließ ich sie schneiden – ohne mir Gedanken darüber zu machen, welcher Schnitt mir eigentlich gefallen würde, womit ich mich wohl fühlen würde. Ich war im Vorfeld sehr nervös, ein Freund brachte mich hin und fragte die Friseurin, ob sie kurz Zeit für mich hätte. Ich fühlte mich wie ein kleines Kind, aber ich war unfähig, selbst zu sagen, was ich mir vorstellte. Auf meinem Handy hatte ich Fotos abgespeichert, die ich im Internet gefunden hatte, wenn ich nachts im Bett lag und bei Google *trans men haircut* eingab. Ich hielt der Friseurin mein Handy hin, zeigte auf die Fotos und sagte: «Ich möchte bitte genau so etwas.» Ich verließ den Friseursalon mit meinem ersten Undercut. Auf der einen Seite meines Kopfes waren meine Haare abrasiert.

Ich bin euphorisch!

Sowohl in der Herrenabteilung als auch beim Friseur spürte ich etwas, das ich so vorher noch nicht gekannt hatte, und es lässt sich wohl am besten mit dem Wort *Euphorie* beschreiben. Es machte mich euphorisch, Herrenkleidung auszusuchen, anzuprobieren, zu kaufen und zu tragen. Genauso euphorisch machte es mich, als meine Haare kurz geschnitten und rasiert waren und ich endlich eine Frisur hatte, die mir gefiel und die zu mir passte.

Wenn über das Thema trans gesprochen wird, fällt häufig das Wort *Dysphorie*. Dysphorie ist ein Gefühl, das vor allem bei nichtbinären Menschen und bei trans Menschen vorkommen kann – oder auch bei nichtbinären trans Menschen. Natürlich fühlen sich viele Menschen ab und an unwohl mit ihrem Körper oder sind mit einzelnen Aspekten ihres Aussehens unzufrieden. Das kennen wahrscheinlich die meisten von uns. Im Gegensatz dazu ist Dysphorie jedoch ein Gefühl von körperlichem und sozialem Unwohlsein, das zumeist mit einem größeren Leidensdruck verbunden ist.

Das Gefühl von Dysphorie anderen Menschen zu beschreiben, ist schwierig – ähnlich wie wenn man versucht, einen Geruch oder einen Geschmack zu beschreiben. Andrea Long Chu beschreibt in einem Essay das Gefühl folgendermaßen: «Dysphorie fühlt sich an, als wärest du unfähig dazu, dich aufzuwärmen, egal wie viele Schichten an Kleidung du anziehst. Es fühlt sich an, als wärest du hungrig, ohne Appetit zu haben. Als würdest du in ein Flugzeug steigen, um nach Hause zu fliegen, aber nach der Hälfte des Fluges feststellen, dass du dich bis an das Ende deines Lebens in diesem Flugzeug befinden wirst. Es fühlt sich an, als würdest du trauern, ohne etwas zu haben, um das du trauen kannst.»

Manche trans Menschen empfinden Dysphorie, wenn sie von ihrer Umwelt falsch gelesen oder nicht korrekt angesprochen werden. Auch einzelne Körperteile können Dysphorie auslösen – es gibt trans Männer, die unter ihren Brüsten leiden, genauso wie trans Frauen, die sich mit ihrem Penis unwohl fühlen. Dysphorie hängt sehr stark mit gesellschaftlichen Konventionen und Vorstellungen zusammen: Da Brüste in unserer Gesellschaft mit Weiblichkeit verbunden werden, ist die Unzufriedenheit oder der Leidensdruck unter trans Männern diesbezüglich oft besonders hoch. Ähnlich ist es mit der Periode oder gynäkologischen Untersuchungen – all das sind in unserer Gesellschaft sogenannte *Frauenthemen*. Auf Männertoiletten gibt es keine Mülleimer für Tampons. Und wer sich neue Tampons kaufen möchte, der muss dafür in vielen Drogeriemärkten in die Abteilung für Damenhygiene.

Es ist leider immer noch so: Die Körper, das Aussehen und das Auftreten von trans Menschen überfordern einen großen Teil der Gesellschaft: *Du möchtest etwa ein Mann sein – trotz deiner Brüste? Deiner Vagina? Deiner hohen Stimme? Du möchtest etwa eine Frau sein – trotz deiner Gesichtsbehaarung? Deines Penis? Deiner tiefen Stimme?*

Viele trans Menschen entscheiden sich dafür, eine Hormontherapie zu beginnen oder sich einer Operation zu unterziehen, um die eigene Lebensqualität zu verbessern und sich selbst wohler zu fühlen – doch vielleicht auch, um endlich von der Gesellschaft verstanden und akzeptiert zu werden.

Ich tue mich schwer mit dem Konzept der Dysphorie. Nicht alle trans Menschen haben Dysphorie. Und ein Begriff wie Geschlechtsdysphorie kann schnell zu einer Art Hürde werden – auch zu einer Art Einlasskontrolle: Muss man Geschlechtsdysphorie haben, um als trans anerkannt zu werden? Ich lehne diese Idee ganz entschieden ab.

Habe ich Dysphorie? Natürlich gibt es Dinge an mir, die ich gerne ändern möchte. Doch ich kann besser benennen, was mich glücklich – also euphorisch – macht, als dass ich immer ganz genau wüsste, was mich dysphorisch macht: Ich möchte einen «männlichen» Namen, ein «männliches» Pronomen, einen Bart, eine flache Brust, eine tiefe Stimme. Vor allem aber möchte ich als Mann gesehen, verstanden und akzeptiert werden – auch wenn ich vielleicht nicht der herkömmlichen Vorstellung eines Mannes entspreche.

Wenn mich Menschen fragen, was es für mich eigentlich genau bedeutet, ein Mann zu sein, dann sage ich genau das: Es gibt bestimmte Dinge, die mit Männlichkeit verbunden werden und die mich euphorisch und glücklich machen. Ich versuche, mir so viele dieser Dinge wie möglich zu holen, um mir ein Leben aufzubauen, das mich zufriedenstellt.

Manchmal stelle ich aber auch einfach nur eine Gegenfrage: *Was bedeutet es denn eigentlich für dich, ein Mann oder eine Frau zu sein?* Viele Menschen können mir darauf erstaunlicherweise keine wirkliche Antwort geben, weil sie noch nie darüber nachgedacht haben.

Seit mehr als zwanzig Jahren beschäftige ich mich damit, was ich mir wünsche, was ich brauche, was mir fehlt, was mich glücklich macht – trans zu sein empfinde ich keinesfalls als ein bedauernswertes Schicksal oder gar einen tragischen Leidensweg, sondern viel mehr als das große Glück, mein Leben mit großer Intensität leben zu dürfen. Wäre da nur nicht immer ein Teil der Gesellschaft, der mich daran hindern möchte.

Eine Diagnose bitte

Kürzlich sah ich im Internet ein Foto aus einer Arztpraxis, dort hing ein Hinweisschild mit dem Satz: *Patienten, die eine Diagnose bereits über Google bezogen haben, werden gebeten, die Zweitmeinung nicht bei uns, sondern bei Yahoo einzuholen.*

Das mag vielleicht erst einmal lustig klingen, doch im Grunde ist es das gar nicht. Die meisten trans Menschen sind darauf angewiesen, sich selbst zu «diagnostizieren». Für die meisten von ihnen ist die Erkenntnis, trans zu sein, zugleich auch immer eine Art «Selbstdiagnose». Es gibt keine objektiven Kriterien, anhand derer «diagnostiziert» werden kann, dass jemand trans ist – es gibt auch kein standardisiertes Testverfahren, niemand bekommt Blut abgenommen und erhält dann eine gesicherte «Diagnose». Ich setze das Wort Diagnose hier in Anführungszeichen, weil trans zu sein natürlich keine Erkrankung ist – doch wer trans ist und Hormone nehmen möchte, der braucht ein sogenanntes Indikationsschreiben. Ich finde es interessant, dass cis Menschen nicht zu so einer Art Geschlechter-TÜV verpflichtet sind, bei dem sie beweisen müssen, dass sie wirklich cis sind. Aber von trans Menschen wird genau das erwartet.

Als ich mir endlich eingestehen konnte, dass ich trans bin, nahm mich niemand an die Hand und sagte, was ich jetzt als Nächstes tun müsste. Alle Informationen und Anlaufstellen musste ich mir selbst zusammensuchen. Ich glaube, dass diese Momente für viele trans Menschen zu den schwersten gehören: Wohin gehe ich als Erstes? Wird mir und meinen Wünschen und Bedürfnissen dort geglaubt? Wie lange muss ich darauf warten, bis mir geholfen wird?

All diese Fragen schossen auch mir durch den Kopf. Im Rückblick würde ich sagen: Ich hatte – was diesen Aspekt betrifft – bei allem, was mir nach meinem Coming-out passierte, relativ viel Glück. Als ich nach Berlin kam, suchte ich mir als Erstes eine Therapeutin, die auf das Thema spezialisiert war und die ich auf den einschlägigen Seiten im Internet gefunden hatte. Ich war begeistert: Ich musste nur vier Wochen auf meinen ersten Termin bei ihr warten.

Es war ein Tag Ende November, als ich mich zum ersten Mal auf den Weg zu meiner neuen Therapeutin begab. Mir war schlecht vor Aufregung und Angst. Bevor ich losfuhr, googelte ich noch einmal die Adresse – doch als ich dort ankam, stand ich vor verschlossener Tür. Ich hatte mir die falsche Adresse notiert und musste so schnell wie möglich durch die halbe Stadt fahren, um zur richtigen Adresse zu gelangen. Die ganze Zeit konnte ich nur daran denken, wie Minute für Minute verstrich, während ich gleichzeitig versuchte auszurechnen, wie viel Zeit mir von meiner ersten Therapiesitzung wohl übrig bleiben würde, wenn ich endlich da wäre. Und wie lange ich auf den nächsten Termin warten müsste. Wenn es überhaupt einen nächsten Termin geben würde, vielleicht hatte ich meinen Platz bereits verloren, weil ich unzuverlässig war und viel zu spät kam.

Irgendwann saß ich meiner Therapeutin endlich gegenüber. Ich erzählte ihr von meinem Coming-out, von meinem Umzug nach Berlin und davon, dass ich nun schon einige Wochen als Linus lebte und arbeitete. Ich erzählte ihr, dass mir eine soziale Transition aber nicht reicht: «Ich möchte nicht nur Linus heißen, ich möchte auch endlich einen Stimmbruch und ein paar Haare im Gesicht.» Von meiner Therapeutin benötigte ich ein Indikationsschreiben, um damit Testosteron beim Endokrinologen zu bekommen. Ich wusste das alles aus dem Internet – mein Coming-out lag knappe vier Wochen zurück, doch ich hatte mir in der Zwischenzeit so viel Wissen angelesen, dass ich damit ganze Bücher füllen konnte.

Meine Therapeutin sagte, dass ich ihr einige Fragen beantworten müsste, bevor ich das Indikationsschreiben bekäme. Sie fragte mich, wie ich masturbiere, was ich für Pornos schaue und wie ich mir Sex mit Männern vorstelle. Ich musste darüber mit einer Frau sprechen, die ich gerade zum ersten Mal kennengelernt hatte – und es ihr im Detail erzählen. Ich fühlte mich beschämt und verzweifelt. Ich wollte nichts davon erzählen, doch gleichzeitig wünschte ich mir, dass mir geglaubt wird. Und ich wollte unbedingt das Indikationsschreiben.

Meine Therapeutin stellte nicht nur Fragen, sondern sprach auch Risiken und Nebenwirkungen an: Sie fragte mich, ob mir bewusst sei, dass ich am ganzen Körper Haare bekommen könnte – *Sie sehen dann möglicherweise aus wie ein Affe!* Während die Haare am Körper sprießen können, könnten sie mir auf dem Kopf ausfallen – *Sie könnten möglicherweise kahl werden, ist Ihnen das klar?*

Als die Sitzung vorbei war, war ich klatschnass geschwitzt. Zu Hause konnte ich mein T-Shirt auswringen.

Der schlimmste Moment dieser Therapiesitzung jedoch war das Ende: Die Therapeutin wühlte in ihren Unterlagen, schaute mich an und sagte: «Eigentlich könnte ich Ihnen das Indikationsschreiben jetzt schon ausstellen, doch leider fehlt uns die Zeit dafür – Sie können jedoch Ende Januar wiederkommen.» Hätte ich mir doch bloß die richtige Adresse notiert und nicht wertvolle Minuten vergeudet! Drei weitere Monate darauf warten zu müssen, endlich Testosteron nehmen zu dürfen – bei dem Gedanken war ich damals am Boden zerstört.

Mittlerweile sind seit jenem Tag fast zwei Jahre vergangen. In der einen oder anderen Form habe ich die Geschichte meiner Therapiesitzung unzählige Male erzählt. Je öfter ich sie erzählte, desto besser gelang es mir im Laufe der Zeit, auch darüber lachen zu können. Ab und an traf ich sogar auf Menschen, die bei derselben Therapeutin gewesen sind: *Und dann ... – Ach, warst du etwa auch bei ... – Ja, du etwa auch?*

Doch damals fühlte sich nichts davon lustig an – ganz im Gegenteil: Drei weitere Monate Wartezeit bedeuteten für mich eine existenzielle Bedrohung. Drei weitere Monate Wartezeit bedeuteten drei weitere Monate als Mann in einem Buchladen arbeiten zu müssen, in dem mich die meisten Kund*innen als Frau wahrnehmen. Drei Monate Wartezeit waren weitere einundneunzig Tage, in denen ich falsch gelesen und misgendert wurde.

Mein Glück war es, dass ich zu diesem Zeitpunkt bereits relativ gefestigt war. Was ich damit meine: Ich ging zu meiner ersten Therapiesitzung und wusste, was ich wollte – ich wollte das Indikationsschreiben, um eine Hormontherapie zu beginnen. Meine Selbstsicherheit lag zum einen an meinem Alter, ich war keine sechzehn Jahre mehr alt, voller Unsicherheit und auf der Suche nach mir selbst. Ich war schon einunddreißig. Zum anderen lag bereits ein relativ langer Weg hinter mir. Ich ging nicht zu dieser Therapeutin, um herauszufinden, welcher Weg der richtige für mich sein könnte. Ich ging zu ihr, weil ich mir sicher darüber war, wie mein zukünftiges Leben aussehen sollte – ich war bereits geoutet, ich wusste, wer ich war. Das hat mir in dieser Zeit auf jeden Fall geholfen.

Ich war auch gefestigt genug, um die drei Monate Wartezeit zu überstehen. Doch ich muss oft an all die Menschen denken, die noch nicht so gefestigt sind: Wie viele Menschen lassen sich von einer solchen Therapiesitzung verunsichern und abschrecken? Wie viele Menschen fangen an zu zweifeln? Wie viele Menschen müssen noch länger warten als ich und geben aufgrund der Wartezeit irgendwann auf? Wie vielen Menschen geht unterwegs die Kraft aus?

Ich muss dabei auch an Hannah denken, die trans ist. Die Geschichte von Hannah hörte ich fast zwei Jahre nach meiner ersten Therapiesitzung, als ich mich an einem sonnigen Tag mit ihrer Mutter Olivia traf. Ich hatte Olivia auf einer Lesung kennengelernt, danach vernetzten wir uns auf Facebook und blieben in Kontakt. Wir saßen in Kreuzberg, aßen Tiramisutorte und tranken Chai Latte. Wir sprachen über mein Leben als trans Mann, aber auch über das Leben von Hannah.

Hannah hat es zwanzig Jahre vor mir geschafft, sich zu outen. Sie ist dreizehn Jahre alt und hat ihren eigenen Stil, sie ist sichtbar punk und queer und laut und mutig. Sie mischt sich in Gespräche ein und weist Menschen darauf hin, dass sie gerade ein transfeindliches Wort benutzen. Sie bestand auch darauf, sich eine Umkleide mit den anderen Mädchen aus ihrer Klasse zu teilen, doch als sich eine Mitschülerin beschwerte, wurde Hannah zunächst auf die Behindertentoilette abgeschoben.

Sie möchte keine Erwartungen und keine Klischees erfüllen, sie möchte nicht plötzlich das tun, was typisch Mädchen ist. Sie weiß, dass sie ein Mädchen ist – auch ohne irgendwelche Stereotype oder Klischees zu erfüllen. Wenn ich an Hannah denke, dann denke ich oft, dass sie für mich so etwas wie eine Vorbild ist. Sie ist noch so jung, doch sie weiß, was sie möchte. Sie hat Worte für das, was sie sich wünscht, und eine Mutter, die sie unterstützt. Olivia erinnert sich noch daran, wie ihre Tochter ihr eines Tages sagte, dass sie trans ist: «Du, Olivia, ich bin ein Mädchen.» Olivia weiß auch noch, was sie antwortete: «Egal, wer du bist, ich werde dich auf deinem Weg unterstützen und an deiner Seite sein.»

Doch auch wenn ihre Mutter an ihrer Seite ist, fühlt Hannah sich manchmal von der Welt da draußen im Stich gelassen. Sie sagt, dass die Ärzt*innen, von denen sie behandelt wird, ihre Feinde sind, denen sie nicht vertrauen darf. Sie ist dreizehn Jahre alt und möchte unbedingt Hormone bekommen, die die Pubertät stoppen. Doch bei der Frage, ob und wann sie welche bekommen wird, ist sie vollkommen von der Entscheidungsgewalt ihrer Ärzt*innen abhängig. Hannah musste schon früh im Leben lernen, dass sie sich das, was sie sich wünscht, erkämpfen muss – sie bekommt nichts geschenkt.

Dieses Gefühl kann ich nachvollziehen, sehr gut sogar. Wer trans ist, der bekommt nichts geschenkt. Wir müssen uns alles selbst erkämpfen und auf alles lange warten, von der Indikation bis zur Behandlung – und ein paar von uns bleiben deshalb unterwegs auf der Strecke, weil sie keine Hilfe oder Unterstützung finden.

Ich habe keine Lösungen – ich glaube, es liegt oft immer noch in der Verantwortung der Patient*innen, die Expert*innen für ihre eigene Behandlung zu werden. Ich glaube, es ist wichtig, selbst herauszufinden, was man möchte, und sich dann nie abschrecken zu lassen, nie aufzugeben. Der Gedanke, dass Ärzt*innen darüber entscheiden dürfen, ob ich überhaupt dafür geeignet bin, eine Hormonbehandlung zu beginnen, macht mir oft Angst. Es fühlt sich einfach nicht richtig an. Weiß ich nicht selbst am besten, ob ich trans genug bin?

Die erste Spritze

Als ich meine Therapeutin drei Monate später wiedersah, ging alles ganz schnell: Sie erinnerte sich zwar kaum noch an mich, stellte mir aber schnell und unkompliziert mein Indikationsschreiben aus. Ich hielt es mit meinen nassgeschwitzten Händen fest, weil ich Angst hatte, es könnte mir noch einmal weggenommen werden. Dieser Moment fühlte sich so an, wie auch Hannah ihre Erfahrungen mit Ärzt*innen beschrieb: Ich fühlte mich nicht unterstützt, sondern ausgeliefert und von den Entscheidungen und der Willkür anderer abhängig. Doch ich bekam mein Indikationsschreiben – und auch Adressen von endokrinologischen Praxen.

Zu dieser Zeit wohnte ich bei einer Bekannten, die mir ihre Wohnung überlassen hatte, weil sie nicht in der Stadt war. Ich lag auf ihrem riesigen Wasserbett, als ich die Praxen durchtelefonierte. Die meisten auf der Liste nahmen keine neuen Patient*innen an. Nach jedem Anruf fühlte ich mich ein Stück weit verzweifelter: Da hatte ich endlich das Indikationsschreiben, doch dann bekam ich einfach keinen zeitnahen Termin.

Interessant ist, dass viele nicht wissen, für welchen Bereich des menschlichen Körpers Endokrinolog*innen eigentlich genau zuständig sind. Ich hörte den Begriff nach meinem Coming-out auch zum ersten Mal. Wikipedia sagt: «Die Endokrinologie ist die Lehre von der Morphologie und Funktion der Drüsen mit innerer Sekretion und der Hormone.» Menschen gehen zum Beispiel wegen Erkrankungen der Schilddrüse in eine endokrinologische Praxis – oder wegen Diabetes. Ich gehe dorthin, um Testosteron zu bekommen.

Als ich endlich einem Endokrinologen gegenübersaß, war

ich aufgeregt und angespannt. Doch er war sehr freundlich, zugewandt und routiniert – er kannte sich gut aus, und ich hatte zum ersten Mal das Gefühl, an einem Ort zu sein, an dem ich gut betreut werde. Es gibt zwei Möglichkeiten, Testosteron zu erhalten: per Gel, das täglich auf den Körper aufgetragen werden muss, oder per Depotspritze, die als ölige Lösung in den Gesäßmuskel gespritzt wird. Bevor es losging, musste ich mich für eine der beiden Varianten entscheiden, was gar nicht so einfach war. Ich hatte damals irgendwo gelesen, dass körperliche Veränderungen bei dem Gel länger dauern können, weil die Wirkung einfach langsamer ist, und ich gebe zu: Das war der Grund, warum ich mich letztlich für die Spritze entschied. Ich wollte ganz dringend Veränderungen, am liebsten sofort.

Doch sofort passierte natürlich gar nichts. Erst einmal wollte der Arzt ein großes Blutbild machen lassen, um überhaupt darüber entscheiden zu können, ob ich Testosteron bekommen konnte, ohne dass es dagegen gesundheitliche Einwände gab. Dabei wurde auch speziell darauf getestet, ob ich anfällig für Thrombosen war. Da musste ich schon schlucken – ich hatte vorab sehr viel über das Testosteron und die möglichen Risiken einer Behandlung gelesen und wusste, worauf ich mich einließ, aber das Wort Thromboserisiko machte mir dann doch Angst.

Vier Wochen nach dem Blutbild hatte ich den nächsten Termin und bekam endlich ein Rezept für Nebido, so heißt das Testosteronpräparat. Mit dem Rezept sollte ich zur nächstgelegenen Apotheke gehen: «Manchmal haben sie es dort vorrätig, aber manchmal auch nicht – dann muss es bestellt werden.» Der Weg dorthin erschien mir endlos lang, dabei waren es lediglich zehn Minuten. Unterwegs wünschte ich mir mit aller Kraft, dass das Nebido vorrätig war. Dann konnte ich es kaufen, damit zurück in die Praxis gehen und es mir sofort spritzen lassen.

Ich hatte Glück, es war da. Auf der Packung stand *Für die An-*

wendung bei erwachsenen Männern, und ich musste darüber ein bisschen lachen und weinen gleichzeitig. Ich lief zurück und war ganz zittrig vor Aufregung. Im Labor wartete ich darauf, aufgerufen zu werden. Eine Arzthelferin brachte mich in einen kleinen Nebenraum. Ich zog meine Schuhe aus, legte mich auf die Liege und zog meine Hose herunter.

Nebido ist eine dickflüssige, ölige Lösung, die direkt in den Gesäßmuskel gespritzt wird. Das Spritzen dauerte lange, nach einer Weile fing es schmerzhaft an zu kribbeln – irgendwann sagte die Arzthelferin zu mir: «Sie haben schon fast ein Drittel geschafft.» Mittlerweile kribbelte es so doll, dass ich mir nicht sicher war, wie ich die letzten zwei Drittel schaffen sollte. Es zwickte und drückte und schmerzte, als würde mich ein Pferd treten.

Nach der Spritze fuhr ich weiter zur Arbeit. Dort wussten alle, was für ein besonderer Tag das für mich war. Als ich reinkam, schaute mich meine Kollegin Julia neugierig an und fragte: «Und? Merkst du schon etwas?» Ich schüttelte den Kopf und musste lachen: «So schnell geht das doch nicht.» Zur Feier des Tages bekam ich von ihr einen Schnurrbart zum Ankleben geschenkt.

Seit diesem Tag gehe ich alle zwölf Wochen zu meinem Endokrinologen, um mir eine Spritze geben zu lassen. Es sind immer andere Arzthelferinnen, die mir die Spritze geben, doch sie sind immer freundlich. Ich habe damit angefangen, mir die Sätze aufzuschreiben, die sie mir sagen, während sie mir die Spritze geben: *Beißen Sie die Zähne zusammen. Seien Sie tapfer. Sie wissen ja, wofür Sie das tun.* Hier werde ich gesehen und akzeptiert, alle freuen sich mit mir über meine Veränderungen.

Im Wartezimmer meines Endokrinologen sehe ich so viele trans Männer wie an keinem anderen Ort. Ich schaue die anderen an und beobachte sie. Nein, wenn ich ehrlich bin, dann beobachte ich sie nicht nur – ich vergleiche mich auch mit ihnen: Wie lange nehmen die anderen schon Testosteron? Hat der eine etwa schon

Barthaare? Was trägt er für einen Binder? Warum hat er so eine flache Brust? Ich beneide die, die einen Bart haben. Ich beneide die, die muskulös sind. Ich beneide die, die deutlich männlicher aussehen als ich selbst. Ich schäme mich dafür, ich weiß, ich sollte das nicht tun. Ich tue es trotzdem immer wieder.

In Wartezimmern

Ich war noch nie so oft beim Arzt wie in den letzten drei Jahren. Ich gehe nicht nur alle zwölf Wochen zu meinem Endokrinologen, sondern muss auch in regelmäßigen Abständen zu meiner Gynäkologin. Da es noch keine Langzeitstudien darüber gibt, wie sich das Testosteron auf die Gebärmutter auswirken kann, lasse ich mich regelmäßig untersuchen.

Für mich sind das die schlimmsten Termine. Ich ging einmal zum Gynäkologen, als ich sechzehn Jahre alt war, danach sah ich für eine lange Zeit keine gynäkologische Praxis mehr von innen. Zwischen meinem ersten und meinem zweiten Besuch mit fünfundzwanzig vergingen mehr als neun Jahre. Es war für mich unvorstellbar, meine Beine für eine gynäkologische Untersuchung spreizen zu müssen. Ich wollte das nicht, ich wollte das für niemanden tun. Es schockierte mich jedes Mal wieder, wenn ich meine Tage bekam. Ich führte keinen Kalender, ich merkte mir nicht, in welchen Zeitabständen sie kamen. Ich ließ mich einfach jedes Mal wieder von ihnen überfallen; es war ein blutiger Überfall.

Seit ich Testosteron nehme, habe ich das Gefühl, keine Wahl mehr zu haben und mich darum kümmern zu müssen. Ich weiß, dass manche trans Männer es vermeiden, zur Gynäkologin zu gehen, aber meine Angst vor körperlichen Erkrankungen ist zu groß, um mich davor zu drücken.

Eine Zeitlang war jeder Besuch in einer Arztpraxis für mich ein Spießrutenlauf: Als auf meiner Krankenkassenkarte noch mein alter Name stand, musste ich mich oft im Gespräch mit Ärzt*innen erklären. Auch meiner Gynäkologin erzählte ich, dass ich ein trans Mann bin. Sie schaute mich an und fragte: «Seit wann haben Sie diese Neigung denn, Frau Giese?»

Eine Arztpraxis sollte eigentlich ein sicherer Ort sein, doch für viele trans Menschen ist er das nicht. Dafür gibt es dort zu viel Unwissenheit, zu viele Vorurteile, zu wenig Interesse und viel zu wenig Sensibilität. Bei meiner Gynäkologin muss ich meinen Oberkörper freimachen, um mir die Brüste abtasten zu lassen. Danach muss ich meinen Unterkörper freimachen und mich in den Stuhl legen. Ich erlebe all das immer wieder wie durch einen Schleier. Ich bin nicht wirklich da, ich kapsele mich ab und beobachte mich von außen dabei, wie ich meine Hose und Unterhose ablege und mich unsicher auf den Weg zum Stuhl mache. Natürlich: All diese Abläufe sind eigentlich gynäkologische Routineuntersuchungen – alle Menschen, die dorthin gehen müssen, kennen diese Abläufe. Ich glaube, für mich sind diese Untersuchungen besonders schlimm, weil ich in diesen Momenten nicht gesehen und nicht wahrgenommen werde. Weil meine Grenzen nicht respektiert werden. Es ist wie ein Riss, der durch meine Selbst- und meine Körperwahrnehmung geht. Solange ich Kleidung trage, erkennen mich die meisten Menschen als Mann, sobald ich diese Kleidung ablege, fühle ich mich bewertet und bin oft beschämt. Vieles davon findet vielleicht auch nur in meinem Kopf statt. Es fällt mir schwer, den Finger auf das zu legen, was dazu führt, dass sich alles in meinem Kopf verknotet, bis ich mich ganz wattig fühle und Angst bekomme, gleich umzukippen.

Bei meinem ersten Termin in Berlin lag ich im Stuhl, und meine Gynäkologin steckte Sachen in mich rein. Es tat weh und fühlte sich furchtbar an. Währenddessen stellte sie mir Fragen: *Wollen Sie sich operieren lassen, Frau Giese? Welche Operationen möchten Sie? Ach, wollen Sie sich nur die Brüste machen lassen?*

Ich fühlte mich beschmutzt und verzweifelt. Sie sah mich gar nicht, sie nahm mich nicht wahr. Ich war kein Mann für sie, das spürte ich in den Sekunden in diesem Stuhl ganz deutlich. Ein Jahr musste ich einmal dreimal hintereinander zu ihr kommen, weil es bei meinem Abstrich kein verwertbares Ergebnis gab. Sehr viel später sprach ich mit einem anderen Gynäkologen darüber, der entsetzt war. Er erzählte mir, dass es bei trans Männern oft vorkommt, dass ihre Abstriche kein Ergebnis haben, er hätte mich nicht dreimal durch diese Untersuchung gezwungen. Als er das sagte, hatte ich zum ersten Mal das Gefühl, mich nicht anzustellen – es lag vielleicht gar nicht an mir.

Leider gibt es viel zu wenig Gynäkolog*innen, die auf die Behandlung von trans Männern spezialisiert sind. Abhilfe soll das Projekt *Gynformation* schaffen: Acht junge Frauen haben sich zusammengetan, um eine Datenbank an queerfreundlichen Gynäkolog*innen aufzubauen. «Du verdienst bei der gynäkologischen Behandlung einen respektvollen, vertraulichen, unvoreingenommenen und professionellen Umgang», steht auf der Website von *Gynformation*. Mit ihrem «Kollektiv für gynäkologische Selbstbestimmung» sind sie bei der Suche nach Gynäkolog*innen behilflich, bei denen man mit genau dieser Art von Behandlung rechnen kann.

Zuhause

Mein Start in Berlin war schwierig: Ein paar Wochen wohnte ich zur Untermiete in einer Wohnung in Neukölln. Als ich dort rausmusste, kam ich für ein paar Tage bei Freunden und danach für eine Woche in der Wohnung einer Bekannten unter – danach zog ich zu Jasmin und ihrer Hündin Chloé in eine WG.

Ich folgte Jasmin schon eine ganze Weile auf Twitter und sah zufällig, dass sie einen Mitbewohner suchte. Das Zimmer war eigentlich viel zu teuer für mich, aber es gab einen Hund und zwei Hamster – und ich konnte zu Fuß zur Arbeit gehen. Mein Wunsch danach, endlich irgendwo für länger anzukommen, war so groß, dass ich den Preis für das Zimmer in Kauf nahm. Am 1. Februar 2018 zog ich schließlich ein, ich besaß immer noch nur einen Koffer und ein paar Bücher.

Jasmin überließ mir einen Stuhl, eine Lampe und ein Regal – vor der Tür gab es am Tag meines Einzugs Sperrmüll, dort fand ich noch einen Tisch, den ich in mein Zimmer hochtrug. Außerdem konnte ich ein paar Wochen auf Jasmins aufblasbarer Matratze schlafen, bis ich mir endlich mein eigenes Bett gekauft hatte. Ich werde nie vergessen, wie mühsam es war, diese Matratze aufzupusten.

Ich war damals immer noch zurückhaltend und lebte zum ersten Mal in einer Wohngemeinschaft, daran musste ich mich erst einmal gewöhnen. Es fiel mir schwer, meine Scheu abzulegen und aufzutauen. Im Laufe der Zeit habe ich vor allem Chloé sehr liebgewonnen, aber ich muss zugeben, dass sie kein einfacher Hund ist. Als ich das erste Mal zurück in die Wohnung wollte und Jasmin noch nicht zu Hause war, stand Chloé hinter der Wohnungstür und knurrte mich auf ziemlich beeindruckende Art und Weise an.

Wer Chloé noch nie gesehen hat, kann sich das wahrscheinlich nicht vorstellen – sie ist fast so groß wie ein kleines Pony. Vor lauter Schreck wich ich zurück und schloss die Tür wieder. Ich rief Jasmin auf der Arbeit an und fragte sie, was ich tun sollte: «Geh wieder rein und ruf ganz laut Frühstücken – wenn sie das Wort hört, weiß sie, dass es etwas zu essen gibt.»

Genau das tat ich, während mir mein Herz bis zum Hals schlug. Aber es funktionierte, und danach wurden Chloé und ich beste Freunde. Sie schlief ab und an bei mir im Bett, sie lag auch gerne bei mir auf dem Sofa. Ich drückte mich gerne an ihren schlafwarmen Körper, weil ich mich dann sicher und geborgen fühlte.

Wie gut mir die Zeit in der WG tat, habe ich vielleicht erst verstanden, als ich dort ausgezogen war. Eineinhalb Jahre nach meinem Einzug wurde die WG aufgelöst, weil Jasmin wegzog. Seitdem wohne ich alleine, und unser Zusammenleben fehlt mir. Wir gingen fast jeden Abend zusammen mit Chloé eine Abendrunde, manchmal schwiegen wir, aber oft unterhielten wir uns über den Tag. Dieses ungezwungene Beisammensein vermisse ich. Dieses Nichtalleinsein. Wenn ich heute nach Hause komme, muss ich mir immer bewusst überlegen, ob ich noch jemanden anrufe oder treffe, weil dort niemand ist.

Die WG war mein erstes richtiges Zuhause seit sehr langer Zeit – ich werde das nie vergessen und für immer dankbar dafür sein.

Transition

Ich spreche immer gerne davon, dass ich mein Leben und meinen Körper so lange modifiziere, bis ich mich endlich wohl fühle. Andere bezeichnen dieses Modifizieren auch als Transition.

Ich transitioniere, und das Schöne daran ist, dass das kein gerader, kein vorgegebener Weg sein muss. Nach drei Testosteron-Spritzen begann sich nicht nur mein Körper zu verändern. Die Veränderungen passierten schleichend und fielen vor allem den Menschen um mich herum auf. Meine Stimme wurde tiefer, kratziger und männlicher. Als ein Freund sie hörte, rief er sofort: «Du bist ja im Stimmbruch!»

Das Testosteron ließ auch meine Klitoris wachsen: Mein Genitalbereich veränderte sich, ich besitze nun einen Minipenis. Ich entdeckte ihn, als ich auf der Toilette saß. Im ersten Moment war ich etwas erschrocken, weil ich nicht wusste, dass mir dort etwas wachsen würde. Welches Ausmaß das Wachstum hat, ist bei jedem trans Mann unterschiedlich. In der Regel wächst die Klitoris zwischen drei und sieben Zentimetern. Im englischen Sprachraum sprechen viele trans Männer vom sogenannten *t(estosterone) dick*, also dem Testosteron-Penis.

Als ich zum ersten Mal einen Begriff für das kannte, was mit mir vorging, wollte ich unbedingt herausfinden, wie unterschiedlich so ein *t-dick* aussehen kann. Wie sieht ein *t-dick* von jemandem aus, der schon länger Testosteron nimmt? Was kann ich erwarten? Worauf kann ich mich freuen? Bei dieser Suche musste ich jedoch sehr schnell feststellen, dass es davon kaum Bilder gibt. Ob ich in die Google-Bildersuche «Klitoris trans Mann» oder «*t-dick*» eingab – das Ergebnis blieb dasselbe: Nichts. Überhaupt nichts.

Kein einziges Bild. Während ich überall Brüste und Penisse sah, fand ich kein einziges Bild meines zukünftigen Geschlechtsteils.

Irgendwann wurde ich doch noch fündig: Auf Tumblr gibt es Porn Blogs, in denen trans Männer das Wachstum ihrer Klitoris dokumentieren. Mich macht es traurig, dass das die einzige Möglichkeit sein soll, mir Bilder von meinem zukünftigen Körper anzuschauen. Ich glaube, dass sich das mittlerweile auch verändert – manchmal bekomme ich Nachrichten von anderen trans Männern: «Hast du schon die Seite gesehen? Da gibt es auch Fotos!»

Natürlich wird es auch jetzt wieder Menschen geben, die sagen: «Wie du untenrum aussiehst, interessiert höchstens deinen Sexualpartner, aber nicht die ganze Welt.» Aber der Wunsch nach Repräsentation bedeutet für mich auch die Repräsentation des eigenen Körpers. Warum finde ich nur so wenig Bilder, auf denen ich sehen kann, wie mein zukünftiger Intimbereich aussehen wird? Mein Wunsch ist es, über alle Veränderungen meines Körpers zu sprechen und so viel wie möglich davon zu zeigen, damit es andere trans Männer in ein paar Jahren vielleicht leichter haben, wenn sie nach Begriffen wie *t-dick* googeln.

Durch diese Veränderungen entstanden auch neue Freiheiten – ich bezeichne meinen Genitalbereich mittlerweile als *Penis*, nicht mehr als *Pussy*. Es ist wichtig zu wissen, dass alle Menschen ihre Körperteile so bezeichnen dürfen, wie sie sich am wohlsten fühlen.

Die Zeit seit meinem Coming-out war für mich unglaublich aufregend, aber auch schwierig: Einerseits änderte sich mit den Veränderungen meines Körpers auch die Art und Weise, wie mich andere wahrnahmen. Ich wurde immer häufiger als Mann gelesen und angesprochen. Tag für Tag hatte ich das Gefühl, dass mein äußeres Erscheinungsbild meiner Wunschvorstellung näher kommt – ich fühlte mich selbstbewusster, selbstsicherer, zufriedener.

Andererseits hatte ich durch das Testosteron in den ersten Monaten Schlafstörungen und Stimmungsschwankungen. Und bis heute leide ich unter einer starken Körperakne: An Armen, Bauch und am Rücken habe ich überall kleine Pickel und Pustelchen, die sich entzünden. Doch was ich auch habe: ein neues Leben, aus dem es keinen Weg zurück mehr gibt – denn viele der Veränderungen sind irreversibel. Obwohl ich mit meiner Therapeutin und meinem Endokrinologen lange über die Konsequenzen der Hormoneinnahme sprach, konnte mich doch keines dieser Gespräche wirklich auf das vorbereiten, was ich erlebe: Was passiert mit meinem Körper? Mit meiner Sexualität? Wie reagieren andere auf diese Veränderungen?

Und was bedeutet die Einnahme der Hormone für meine Arbeit? Im Buchladen bin ich nicht nur auf das Verständnis meiner Kolleg*innen angewiesen, sondern auch auf das der Kund*innen. Einmal sprach mich eine Kundin darauf an, dass ich erkältet klänge, und wünschte mir gute Besserung – als ich antwortete, dass ich nicht erkältet, sondern im Stimmbruch sei, gab es einen Moment peinlicher Verunsicherung.

Ich habe mir im Laufe der Monate immer wieder Dinge gesucht, die ich weiter modifizieren wollte: Besonders beschäftigte mich mein Bartwachstum. Im Internet las ich von Minoxidil – es befindet sich zum Beispiel in Regaine, diesen Schaum schmieren sich Männer eigentlich auf die Kopfhaut, um dort das Haarwachstum anzuregen. Ich habe Regaine in der Apotheke gekauft – für drei Flaschen zahlte ich 70 Euro. Das war eine teure Investition, aber ich hatte die Hoffnung, es könnte sich lohnen. Doch erst einmal blieb die Packung lange unangerührt bei mir stehen, denn im Internet las ich davon, dass der Schaum auch zu starken Nebenwirkungen führen kann, die sogar lebensbedrohlich sein können.

War mir mein Bart so wichtig, dass ich dieses Risiko wirklich in Kauf nehmen wollte? In der Apotheke hatte ich die Apothekerin zur Sicherheit noch einmal gefragt, ob sie irgendwelche Einwände hatte, wenn ich mir den Schaum auf die Wangen schmierte und nicht auf die Kopfhaut.

Irgendwann probierte ich es dann aus und versprach mir selbst, sofort aufzuhören, sobald ich Nebenwirkungen an mir bemerkte. Doch erst einmal musste ich herausfinden, wo ich den Schaum überall hinschmieren musste: Auf die Wangen? Unters Kinn? Wo wächst so ein Bart eigentlich?

Einmal täglich betrieb ich diese besondere Art der Gesichtspflege, so lange, bis alle drei Flaschen aufgebraucht waren. Ich bin immer noch weit entfernt davon, einen richtigen Bart zu haben, aber die Haare wachsen langsam vor sich hin, und ich freue mich schon jetzt auf den Tag, an dem ich zum ersten Mal zu einem Barbier gehen kann – *Könnten Sie mir bitte einmal den Bart kürzen?*

Der Bart ist meine Lebensversicherung, wenn ich ihn trage, erkennen die Menschen mich als Mann und sprechen mich als Mann an – deshalb bedeutet er mir so viel, weil er mir unangenehme Momente und peinliche Situationen erspart.

Und jede Menge Mikrodysphorien.

Mikrodysphorien

Ich sage gerne: *Ich leide unter Mikrodysphorie,* und mein jeweiliges Gegenüber schaut mich dann oft erstaunt an und fragt: *Mikro… was? Was ist denn das?*

Vor einiger Zeit hörte ich zum ersten Mal von dem Begriff Mikroaggression und konnte mir darunter erst einmal nichts vorstellen. Als ich anfing, dieses Buch zu schreiben, recherchierte ich, woher das Wort eigentlich ursprünglich kommt. Ich fand dabei heraus, dass Chester M. Pierce, Psychiater und Professor an der Universität Harvard, den Begriff in den siebziger Jahren prägte. Er benutzte das Wort Mikroaggression, um die – ständigen und oft subtilen – Angriffe bei Begegnungen zwischen weißen und schwarzen Menschen zu beschreiben. Ein Beispiel für eine solche Mikroaggression ist die Frage: *Woher kommst du, ich meine, woher kommst du wirklich?*

1973 erweiterte die Ökonomin Mary Rowe den Begriff und übertrug ihn auch auf geschlechtsspezifische Situationen zwischen Frauen und Männern. Heutzutage hat sich der Begriff noch weiter geöffnet und wird für die Abwertung und Diskriminierung aller sozial marginalisierter Gruppen angewandt: bei migrantischen Menschen, bei armen Menschen oder auch bei behinderten Menschen.

Obwohl das Wort *mikro* andeutet, dass es sich lediglich um kleinere Zwischenfälle handelt, kann die Summe an alltäglichen – oft systematischen – Mikroaggressionen das Leben der Betroffenen deutlich negativ beeinträchtigen. Derald Wing Sue, der als Professor für Psychologie an der Columbia-Universität arbeitet, unterteilt Mikroaggressionen in drei Gruppen: Mikroangriffe (dabei handelt es sich um tatsächliche Übergriffe), Mikrobeleidigungen (eindeutige Beschimpfungen) und Mikroentwürdigungen (Situationen, in denen das Gegenüber herabgewürdigt wird).

Hintergrund dieser Mikroaggressionen ist, dass es in einer Dominanzgesellschaft immer weniger dominante Minderheiten gibt: Es gibt eine weiße Dominanzgesellschaft, eine nichtbehinderte Dominanzgesellschaft, eine heterosexuelle Dominanzgesellschaft oder auch eine cisnormative Dominanzgesellschaft. Der dominierende Teil der Gesellschaft dominiert auch den Diskurs, die Gespräche, die Arbeitswelt, den Alltag, die Talkshows.

Es geht mir aber eigentlich gar nicht um Mikroaggressionen, sondern um Mikrodysphorien. Mit dem Begriff Dysphorie wird, wie oben bereits beschrieben, ein Gefühl des körperlichen und sozialen Unwohlseins bezeichnet, also sozusagen ein: «Ich fühle mich mit meinem Körper oder in bestimmten Situationen unwohl.» Ich benutze den Begriff nur selten, weil ich mich selbst mit meinem Körper gar nicht unbedingt unwohl fühle, doch in der cisnormativen Dominanzgesellschaft oft Mikroangriffe, Mikrobeleidigungen und Mikroentwürdigungen erlebe, die dazu führen, dass ich mich in bestimmten Situationen nicht wohl fühle. Als ich irgendwann einmal das Wort Mikrodysphorie las, dachte ich sofort: *Das ist es! Das Wort beschreibt genau das, was mir das Leben manchmal so schwer macht.*

Unter Mikrodysphorien verstehe ich alltägliche Erlebnisse, die ich als schmerzhaft und schwierig empfinde und die mich in meiner geschlechtlichen Selbstwahrnehmung beschädigen. Ein Beispiel, das mir sofort einfällt, ist, wenn mich andere Menschen als *Frau Giese* ansprechen oder aufrufen – seit meiner Namensänderung passiert mir das zum Glück nur noch selten, doch davor geschah es ständig: bei Besuchen von Ärzt*innen, beim Besuch von Behörden oder auch an meinem Arbeitsplatz.

Natürlich gibt es Schlimmeres, als als Frau angesprochen zu werden. Es passiert mir wie gesagt auch nur noch selten, doch ich musste eineinhalb Jahre lang lernen, dass es Menschen gibt, denen es schwerfällt, auf das Wort Frau zu verzichten. Im Laufe der Zeit versuchte ich immer besser darin zu werden, den Ton zu entschlüsseln: Ist es Ahnungslosigkeit? Bösartigkeit? Ist es ein Versehen, oder werde ich absichtlich misgendert?

Welche Mikrodysphorien schmerzen mich am meisten?

1.) Wenn ich offizielle Briefe bekomme, die an meinen alten Namen adressiert sind.

2.) Wenn ich als «Frau» oder «Dame» aufgerufen oder angesprochen werde.

3.) Wenn ich gezwungen bin, offizielle Formulare oder Dokumente auszufüllen und das Kästchen mit dem Wort «weiblich» ankreuzen muss.

4.) Wenn ich an Orten bin, an denen es eine strenge Geschlechtertrennung gibt (in Umkleiden, Fitnessstudios oder Schwimmbädern).

5.) Wenn ich Kleidung trage, die mir nicht passt. Vor einiger Zeit setzte ich mir in den Kopf, dass ich unbedingt einen Rollkragenpullover möchte. Als ich dann drei anprobiert hatte, musste ich die bittere Feststellung machen, dass alle drei so ungünstig saßen, dass meine Brüste so überbetont wurden, dass ich mich nicht mehr wohl fühlte.

Während ich diese Liste schreibe, wird mir bewusst, wie viel leichter mein Leben dadurch geworden ist, dass ich meinen Namen und meinen Personenstand offiziell geändert habe. Doch bis es so weit war, ist mir bestimmt mindestens eine Sache von dieser Liste täglich widerfahren.

Jedes Mal, wenn ich eine Arztpraxis besuchte, musste ich eine Krankenkassenkarte vorzeigen, auf der ein Name stand, der nicht mehr meiner war, und das Foto eines Menschen klebte, der nicht mehr aussah wie ich. Einmal wollte mich eine Sprechstundenhilfe wieder wegschicken, weil sie mir nicht glaubte, dass ich dieser Mensch bin, und den Verdacht hatte, dass mir die Karte nicht gehört. Ich musste ihr erklären, warum ich anders aussehe als auf dem Foto – ihr und dem vollbesetzten Wartezimmer.

Wer hat schon einmal darüber nachgedacht, welche Adresse er angibt, wenn er sich ein Paket schicken lässt? Bis zu meiner Namensänderung musste ich jedes Mal darüber nachdenken: Wenn ich meinen alten Namen angab, nahm ich in Kauf, dass ich mich schlecht fühlte, wenn ich es erhielt. Doch wenn ich Linus angab und den Paketboten verpasste, musste ich es in der Filiale abholen – mit einem Ausweis, auf dem noch mein alter Name stand. Ich weiß nicht, wie oft ich mir selbst eine Vollmacht ausgestellt habe – mit meinem neuen Namen auf meinen alten Namen, um überhaupt Pakete abholen zu können.

Einmal bekam ich ein Einschreiben, das noch an meinen alten Namen adressiert war, während der neue Name schon im Ausweis stand. Es fühlte sich schon fast ein wenig kafkaesk an, weil ich plötzlich erklären musste, dass ich wirklich diese Person gewesen bin, die auf dem Brief steht, auch wenn ich nicht mehr so hieß. Die Angestellte in der Post blickte mich an und sagte ganz trocken: «Na, da haben Sie aber richtig was aus sich gemacht!»

Besonders schmerzhaft für mich sind auch meine Erinnerungen an die ersten Monate in der Buchhandlung. Als ich dort anfing zu arbeiten, befand ich mich noch ganz am Anfang meiner Transition. Ich nahm noch keine Hormone und wurde sehr häufig als Frau gelesen und angesprochen. Dass ich in Berlin ganz neu anfing und meine Kolleg*innen mich direkt unter meinem neuen Namen kennenlernten, war sicherlich ein Vorteil für mich.

Bei unserem ersten monatlichen Teamtreffen war ich stumm und schüchtern und in Schweiß aufgelöst, weil ich nicht wusste, wie alle auf mich reagieren würden. Was dachten diese Menschen über mich? Wie würde ich vorgestellt werden? In dem Moment, in dem mein neuer Chef sagte: «Und das ist unser neuer Kollege Linus», fiel eine tonnenschwere Last von mir ab, und ich fing fast an zu weinen. Ich war Linus, nicht nur für mich – auch für andere.

Das mit dem Namen war für die meisten einfach, das mit dem richtigen Pronomen dann schon deutlich schwieriger. Mir fiel damals zum ersten Mal auf, wie viele Menschen im Gespräch das Geschlecht ihres Gegenübers vermuten. Mehrmals täglich hörte ich Sätze wie «Gib das mal der Frau an der Kasse», «Bezahl das bei der Tante an der Kasse», «Die Frau kann uns das bestimmt auch noch einpacken». Eines Tages war ein Vertreter bei uns im Buchladen, ich stellte mich als Linus vor, und er schaute mich an und sagte: «Linus? Das ist aber ein ungewöhnlicher Name für eine Frau!»

Wenn ich über diese Erlebnisse berichte, kommt immer ganz schnell der bestürzte Einwand, dass das sicherlich keine Absicht war. Mikrodysphorien fühlen sich jedoch nicht weniger schmerzhaft an, wenn sie unabsichtlich geschehen. Ob absichtlich oder nicht, sie sind immer wieder eine schmerzhafte Erinnerung daran, dass die eigene Selbstwahrnehmung (als Mann) in der Außenwahrnehmung noch nicht so gefestigt oder überzeugend ist, wie ich mir das selbst wünsche.

Auf Twitter schlug ich einmal vor, im Alltag Formulierungen zu vermeiden, mit denen das Geschlecht einer anderen Person vermutet wird: Für viele ist es immer noch schwer vorstellbar, dass es Menschen verletzen könnte, fälschlicherweise als Mann oder Frau angesprochen zu werden. Ich glaube, dass es vielen deshalb auch – verständlicherweise – oft noch schwerfällt, sich an diesem Punkt zu hinterfragen oder sprachlich umzudenken. Ich bleibe bei dem Beispiel Buchladen: Wäre es nicht eine Möglichkeit, statt zu seinem Kind «Gib das der Frau an der Kasse» zu sagen, den Satz einfach ein bisschen umzuformulieren, zum Beispiel in die neutrale Formulierung «Gib das mal der Person an der Kasse»? Oder noch einfacher: «Lass uns das zusammen bezahlen!»? Ich habe meine eigene Sprache auch nicht von heute auf morgen umgestellt – und ich mache auch jetzt immer noch Fehler. Ich glaube, ein erster wichtiger Schritt ist immer, das Bewusstsein dafür zu entwickeln, dass Sprache und Realität, in der wir leben, sich verändern. Es besteht einfach immer die Möglichkeit, dass die Person auf der anderen Seite der Theke keine Frau ist oder kein Mann oder vielleicht sogar nichtbinär.

Ich löste mit meinem Vorschlag damals einen ziemlichen Sturm der Entrüstung aus: Für die meisten Menschen ist es nicht vorstellbar, anderen Menschen keine Geschlechter zuzuschreiben – sie können sich noch nicht vorstellen, ihre Sprache anzupassen und Sätze anders zu formulieren. Ich finde das schade – und manchmal finde ich das auch ärgerlich und engstirnig. Was vergeben sich Menschen, wenn sie Minderheiten mitdenken und mitberücksichtigen? Wem wird etwas weggenommen, wenn wir unsere Sprache und unsere Formulierungen und unsere Wahrnehmung den sich wandelnden Gegebenheiten anpassen? Das klingt vielleicht reichlich naiv, aber: Warum kosten Veränderungen immer so viel Kraft? Warum fühlt sich jede Veränderung wie ein Kampf gegen Windmühlen an? Wir haben doch schon das Gendersternchen und die Ehe für alle, und jetzt dürfen wir nicht einmal mehr Frauen als Frauen und Männer als Männer bezeichnen – wo kämen wir dahin? So kommt mir das manchmal vor.

Vielleicht urteile ich an dieser Stelle aber auch zu streng: Manchmal ist es schwer, nicht zu vergessen, dass wir alle nicht denselben Wissensstand haben. Ich habe vor fünf oder vor zehn Jahren auch nicht darüber nachgedacht, ob ich andere Menschen damit verletzen könnte, wenn ich sie mit *Frau* oder *Mann* anspreche. Es ist nicht immer leicht, aber ich möchte versuchen, nicht wütend zu sein, sondern stattdessen Denkanstöße zu geben –

vielleicht ist unsere Gesellschaft in fünf oder in zehn Jahren an diesem Punkt schon deutlich weiter.

Eine Kundin schrieb mir fast zwei Jahre nachdem ich in der Buchhandlung zu arbeiten angefangen hatte, folgende E-Mail:

Ich habe Dich als eine Deiner Kundinnen kennengelernt, und Du warst für mich in erster Linie ein sehr freundlicher, zuvorkommender, fachkundiger und hilfsbereiter Mitarbeiter. Ich hab mich gefreut, wenn Du im Laden warst. Punkt. Sicher, die Veränderungen in Deinem Äußeren sind mir nicht verborgen geblieben, und es war schön, das miterleben zu dürfen, denn mit jedem Monat hast Du an Ausstrahlung und Präsenz gewonnen. Aber ich fühlte kein Bedürfnis mich dazu zu verhalten. In der Kunden-Verkäufer-Beziehung veränderte sich ja für mich nichts.

Ich wünschte, ich hätte das, was da steht, auch schon vor zwei Jahren gewusst. Doch damals fühlte sich das alles noch viel schwerer und schmerzhafter und schwieriger an – nicht so gesehen und anerkannt zu werden, wie man sich selbst sieht, macht einen so unglaublich verletzlich und verwundbar. Ich glaube, die meisten Menschen, bei denen Innen- und Außenwahrnehmung zusammenpassen, können sich gar nicht vorstellen, wie viel Bestätigung sie in ihrem alltäglichen Leben für ihr Geschlecht bekommen und wie sehr trans Menschen um jedes kleine bisschen Bestätigung kämpfen müssen.

Menschen reagieren in meinem Alltag sehr unterschiedlich auf mich. Vielleicht denken sie über meine Brüste nach. Vielleicht denken sie auch darüber nach, warum meine Brüste und die Bartstoppel in meinem Gesicht nicht zusammenpassen. Ich weiß es meistens nicht. Lange Zeit wollte ich alles Weibliche an mir zerstören, um in dieser Gesellschaft überhaupt die Möglichkeit zu haben, Anerkennung und Bestätigung bekommen zu können.

Auch heute lasse ich manchmal noch einen Rollkragenpullover in der Umkleidekabine hängen, statt ihn zu kaufen, weil er die

Brüste zu sehr betont. Doch ich kämpfe nicht mehr so sehr um Anerkennung und Bestätigung. Es ist ein furchtbares Klischee, dass du lernen musst, dich selbst anzunehmen. Ich glaube jedoch an dieses Klischee. Ich musste mir einen Körper erkämpfen, den ich lange Zeit als Gefängnis empfand. Ein Körper, in dem ich mich fremd und unwohl fühlte. Ich nehme nicht nur Hormone, um meinen Körper zu verändern, sondern ich habe auch meinen Stil verändert. Stück für Stück habe ich damit begonnen zu experimentieren. Sachen auszuprobieren: Ich erfülle mir selbst Wünsche und Bedürfnisse und probiere Haarfarben, Haarschnitte und Kleidungsstücke aus, von denen ich früher geträumt habe. Mich selbst zu entdecken und mir meinen Körper anzuzeigen, um meine Selbstwahrnehmung von einer Fremdwahrnehmung zu trennen, fühlt sich an wie eine Ermächtigung.

Ich bin mittlerweile mächtiger geworden als diese Menschen, die *Frau Giese* zu mir sagen. Ich wünschte, ich könnte alle Menschen um mich herum, die um Anerkennung und Bestätigung kämpfen, ebenfalls ermächtigen und ihnen auch diese Macht über die eigene Selbstwahrnehmung geben.

Mary Rowe, die ich eingangs erwähnte, setzt den Mikroaggressionen das Konzept der Mikroaffirmationen entgegen. Grob übersetzt bedeutet Affirmation so etwas wie Bejahung oder Bestätigung. Ich glaube, dass unsere Gesellschaft ganz viele Mikroaffirmationen braucht, um das Leben für trans Menschen leichter und schöner zu machen. Doch was könnte so eine Mikroaffirmation sein?

Ganz am Anfang meiner Transition ging ich zum Friseur und bat vorab am Telefon um einen Herrenschnitt. Als ich ankam, stellte ich fest, dass der Friseur in zwei Bereiche getrennt war: in einen Herren- und einen Damenbereich. Ich wurde zunächst in den Herrenbereich gesetzt, doch als die Friseurin feststellte, dass ich nicht ihrem Bild eines Herrn entsprach, brachte sie mich etwas unangenehm berührt zurück in den Damenbereich. Für mich war das damals ein furchtbares und sehr niederschmetterndes Erlebnis.

Eine ganze Zeit später sah ich an einer Ladenfront einen Regenbogensticker, auf dem *You are safe here* stand, und einen Sticker mit der trans Flagge und dem Wort *Ally* – was so viel wie Unterstützer*in bedeutet. In dem Moment dachte ich sofort: Wir brauchen ganz viele Orte in dieser Stadt, an denen diese Sticker kleben. Wir brauchen Cafés, Restaurants, Fitnessstudios, Bekleidungsgeschäfte, Friseure, Ärzt*innen, die sich diesen Sticker auf die Scheibe kleben, weil sie queer- und transfreundlich sind. Weil sie keinen getrennten Herren- und Damenbereich haben und aufgrund ihrer eigenen Erwartungen und Vorstellungen entscheiden, wer wo sitzen darf. Ein solcher Sticker kann eine Mikroaffirmation sein, weil er Orte schafft, an denen trans Menschen sicher sind, ernst genommen werden und Bestätigung und Anerkennung erfahren.

Namensänderung

Mein Leben änderte sich entscheidend, als ich meinen Namen endlich offiziell geändert hatte.

Für viele trans Menschen ist die offizielle Änderung ihres Vornamens und Personenstands ein wichtiger Schritt. Doch wie läuft so eine Änderung eigentlich genau ab? Und was für ein Aufwand und welche Kosten sind damit verbunden?

Als ich online zum ersten Mal erzählte, dass ich Linus bin, habe ich das spontan und voller Angst und Panik getan. Jahrelang dachte ich, ich könnte diesen Schritt niemals gehen. Und dann wurde mir irgendwann ganz plötzlich klar, dass ich, ohne ihn zu gehen, nicht weiterleben kann. Ganz ähnlich war es mit meinem Wunsch, meinen Namen auch offiziell zu ändern – monatelang dachte ich, mir fehle die Kraft dafür, bis ich irgendwann in einer Beratungsstelle saß und voller Angst und Panik sagte: «Mein einziger großer Wunsch gerade ist, endlich auch offiziell meinen Namen zu ändern.»

Wenn trans Menschen ihren Vornamen und Personenstand ändern wollen, müssen sie dafür beim Amtsgericht einen formlosen Antrag einreichen. Dem Antrag beigefügt werden sollte ein sogenannter transsexueller Lebenslauf. Nach Einreichen dieses Antrags werden vom Gericht zwei Gutachten in Auftrag gegeben, in denen die Gutachter*innen darlegen müssen, dass die betroffene Person sich dem anderen Geschlecht zugehörig fühlt und sich dieses Gefühl auch nicht mehr ändern wird. Es ist möglich, sich einen Gutachter oder eine Gutachterin zu wünschen, für das zweite Gutachten bekommt man jemanden zugeteilt. Es ist von Fall zu Fall unterschiedlich, wie lange es dauert, ein Gutachten zu erstellen – das hängt ganz davon ab, wie schnell Termine vergeben werden, wie lang die Wartezeit ist und wie viele Sitzungen benötigt werden. Ich habe schon von Verfahren gehört, die in vier Monaten durch waren, während andere eineinhalb Jahre dauerten.

Die Kosten des Verfahrens müssen von den Antragstellern selbst getragen werden und schwanken zwischen 1000 und 4000 Euro. Diese Schwankungen sind sicherlich auch damit zu erklären, dass unterschiedlich viele Sitzungen für die Erstellung eines Gutachtens benötigt werden – für eine Sitzung zahlt man einen Stundensatz von 100 Euro.

In bestimmten Fällen kann dem Antrag ein Formular für die Beantragung der Prozesskostenbeihilfe beigelegt werden. Dafür kommen diejenigen in Frage, die wenig Geld verdienen oder so hohe Ausgaben haben, dass ihnen im Monat zu wenig bleibt, um die Verfahrenskosten selbst zu tragen. Die Bewilligung für Prozesskostenbeihilfe kann jedoch im laufenden Verfahren wieder zurückgezogen werden – falls sich die finanziellen Umstände ändern.

Für etwas, das eigentlich die persönliche Entscheidung eines erwachsenen Menschen sein sollte und im Prinzip ein simpler Verwaltungsakt ist, ist also ein immenser Aufwand nötig: Das Verfahren kostet Zeit, Geld und Kraft – und alle die diesen Weg gehen, müssen zahlreiche invasive, intime und übergriffige Fragen über sich ergehen lassen. Diese Tatsache führt immer wieder zu Kritik am aktuellen Verfahrensprozedere.

Was außerdem immer wieder kritisiert wird, ist die Art und Weise der Gutachtenerstellung: Wie kann ich beweisen, dass ich trans genug bin, um meinen Personenstand ändern zu lassen? Ist meine Frisur trans genug? Meine Kleidung? Mein Auftreten? Mein Leben? Bin ich noch trans genug, wenn ich beim Gutachter nicht meinen Binder anziehe? Und mir stattdessen gerne die Nägel lackiere?

Das Verfahren ist nicht in allen Ländern so kompliziert wie hier. In Argentinien, Dänemark, Malta, Irland oder auch Norwegen können trans Menschen ohne gerichtlichen Beschluss und ohne Gutachten ihren Vornamen und ihren Personenstand ändern.

Übrigens: Zuletzt bin ich immer wieder über Kommentare gestolpert, in denen Menschen schrieben, dass auch cis Personen für eine Namensänderung zahlen müssten. Das ist natürlich korrekt! Wer beschließt, dass er jetzt nicht mehr Peter heißen möchte, sondern lieber Klaus, muss ebenfalls für die Namensänderung zahlen. Der Unterschied ist aber, dass Peter für seinen Wunschnamen nicht zwei Gutachten in Auftrag geben muss und deshalb bedeutend weniger zahlen muss.

Die Rechtslage für trans Menschen änderte sich mit Einführung der sogenannten Dritten Option – dieses Gesetz sah vor, dass intergeschlechtliche Menschen Vornamen und Personenstand beim Standesamt ändern lassen können, dazu ist ein Attest nötig, auf dem steht, dass bei der betroffenen Person eine *Variante der Geschlechtsentwicklung* vorliegt. Das ist der sogenannte §45b des Personenstandsgesetz. Aufgrund der schwammigen Formulierung im Gesetzestext begannen Anfang Januar 2019 auch trans Menschen und nichtbinäre Menschen diese Option für sich zu nutzen. Warum sollte bei mir nicht auch eine Variante der Geschlechtsentwicklung vorliegen?

Ich hatte die Unterlagen bereits ausgefüllt, um Prozesskostenbeihilfe für den offiziellen Weg zu beantragen, als ich in einer Facebook-Gruppe von diesem neuen Paragraphen las. Das klang fast schon zu schön, um wahr zu sein. Ein Attest sollte ausreichen, um mir zwei Gutachten und jede Menge Kosten zu ersparen? Ich konnte es erst gar nicht glauben.

Am nächsten Tag ging ich direkt zu meiner Hausärztin, die meine ganze Behandlungsgeschichte kannte und, ohne zu zögern, mir ein Attest ausstellte. Damit ging ich am nächsten Tag zum

Standesamt in Friedrichshain. Ich hatte Angst, die Politik würde einschreiten, wenn noch mehr trans Menschen diesen Weg gingen, deshalb glaubte ich, besonders schnell sein zu müssen.

Im Standesamt konnte die Mitarbeiterin nichts für mich tun, weil ich keine Geburtsurkunde besaß – die musste ich mir aus meiner Geburtsstadt per Expresslieferung schicken lassen. Drei Tage später saß ich mit meinem Attest und meiner Geburtsurkunde wieder im Standesamt.

Diesmal klappte es. Die Standesbeamtin war unglaublich nett. «Welchen Vornamen und welches Geschlecht soll ich auf der Geburtsurkunde eintragen?» – «Linus, und männlich.» – «Nur einen Vornamen? Vorher hatten Sie drei?» – «Ja, nur den einen.» – «Herzlichen Glückwunsch, ich gratuliere Ihnen.»

Ich stolperte aus dem Standesamt, draußen schien die Sonne, ich zitterte vor Freude und schrieb den ersten Menschen Nachrichten, um ihnen zu erzählen, dass es geklappt hatte. Vom Standesamt ging ich zur Arbeit und kaufte auf dem Weg eine Schachtel mit Cupcakes, um mit meinen Kolleg*innen diesen Tag zu feiern.

Anschließend wurde vieles für mich einfacher, auch wenn längst noch nicht alle bürokratischen Hürden genommen waren – drei Wochen wartete ich auf meine neue Geburtsurkunde, anschließend dauerte es wochenlang, bis ich eine neue Krankenkassenkarte, einen neuen Personalausweis und eine neue Bankkarte hatte.

Dabei stieß ich immer wieder auf Grenzen und Herausforderungen, oft waren Mitarbeiter*innen überfordert und überrascht, wenn ich nicht meinen Nachnamen, sondern meinen Vornamen ändern wollte. Bei meiner Bank musste ich sogar ein neues Konto anlegen – als hätte ich nicht nur einen neuen Namen, sondern sei auch ein neuer Mensch.

Am längsten dauerte es bei der Deutschen Rentenversicherung, fast sechs Monate habe ich auf einen neuen Sozialversicherungsausweis gewartet. Aber auch das hat geklappt, ich besitze jetzt eine neue Versicherungsnummer mit männlicher Prüfziffer. Alles hat hier seine Ordnung.

All diese Dokumente erleichtern mir meinen Alltag – wenn ich zum Arzt gehe, muss ich mich nicht mehr lange erklären, denn auf meiner Karte steht mein richtiger Name, mit dem ich korrekt aufgerufen werde. Ich bin kein Bittsteller mehr, ich muss keine Forderungen stellen, und ich muss mich nicht mehr darüber ärgern, wenn ich dann doch wieder als *Frau Giese* aufgerufen werde. Endlich kann ich auch Pakete auf meinen Namen bestellen.

Was Liebe ist

Viel zu lange wusste ich nicht, was Liebe ist. Vielleicht weiß ich das bis heute nicht. Als ich meine erste längere Beziehung hatte, war ich bereits dreiundzwanzig Jahre alt. Im Rückblick erscheint mir das gar nicht so alt, damals fühlte sich das anders an. In dem Alter, in dem andere erste Erfahrungen sammeln, interessierte ich mich nicht für Sex oder für Beziehungen. Später fragte ich mich manchmal, ob damals vielleicht das Label asexuell zu mir gepasst hätte – doch als Jugendlicher kannte ich den Begriff nicht. Ich wuchs in den neunziger Jahren auf, viele Worte und Begriffe – sogenannte Labels, die heute allgegenwärtig sind – gab es damals noch nicht. Oder ich kannte sie nicht.

Durch ein Jugendbuch fand ich heraus, wie ich mich mit einem Duschkopf selbst befriedige. Ich schlich mich immer wieder mit dem Buch ins Badezimmer und legte es auf dem Badewannenrand ab. Die Seiten wellten sich wegen der Wärme und Feuchtigkeit bereits langsam nach oben. Es war für mich eine Offenbarung, dass ein Buch davon erzählt, wie Selbstbefriedigung funktionieren kann. Doch dass ich auch etwas in mich hineinstecken könnte, war mir lange Zeit nicht bewusst. Das Verhältnis zu meinem Körper war distanziert. Wir ertrugen uns gegenseitig.

Als ich sechzehn Jahre alt war, musste ich zum ersten Mal zu einem Gynäkologen gehen, es juckte und brannte schon seit Tagen zwischen meinen Beinen. Als der Arzt mich fragte, ob ich Geschlechtsverkehr gehabt hätte, war ich entsetzt und überrascht. Ich dachte, er müsste mir doch ansehen können, dass ich ein Mensch bin, mit dem niemand schlafen möchte. Der Arzt diagnostizierte einen Scheidenpilz und verschrieb mir Tabletten, die ich in meine Vagina einführen sollte. Ich lag abends weinend im Bett und versuchte mit zunehmender Verzweiflung die Tabletten einzuführen, aber bekam es einfach nicht hin. Dort etwas in mich hineinzustecken, war unvorstellbar für mich. Wochenlang hoffte ich darauf, dass das Jucken einfach so verschwinden würde.

Genauso unvorstellbar war es für mich lange Zeit, Tampons zu benutzen: Wie sollte ich nur diese kleinen weißen Dinger in meinen Körper hineinbekommen? Das war schmerzhaft! Und viel zu eng! Ich litt schon immer unter einer sehr starken Regelblutung. Meistens legte ich mir mehrere Binden übereinander in die Unterhose, um ein Missgeschick zu verhindern. Dennoch habe ich bereits zweimal in meinem Leben einen Blutfleck auf einem weißen Sofa hinterlassen – und mich beide Male zu Tode geschämt. Einmal ging das Blut durch meine Hose bis hinein in meinen Fahrradsattel und hinterließ dort einen unübersehbaren dunkelroten Fleck. Ein anderes Mal flüchtete ich aus einer Vorlesung in der Universität, weil mich meine Periode überraschte und für einen triefend nassen Fleck auf meiner Hose sorgte.

Für mich waren all diese Momente mit großer Scham verbunden. Damals hätte ich mir nicht vorstellen können, Freund*innen um Hilfe zu bitten – oder gar über mein eigenes Missgeschick zu lachen. Jedes Mal, wenn mir so etwas passierte, war ich abgrundtief beschämt.

Zuletzt geschah es mir auf der Buchmesse in Leipzig, dass ich auf einem weißen Sofa saß und einen unübersehbaren Fleck hinterließ, als ich wieder aufstand. Jemand lief mir hinterher, als ich wegging: «Ich wollte dir nur Bescheid geben, falls du es nicht bemerkt hast – hast du deine Tage bekommen?» Ich wäre am liebsten im Boden versunken. In diesen Momenten weiß ich nie, wie ich vor lauter Scham noch weiter denken, weiter atmen, weiter leben soll.

Scham war für mich lange Zeit ein Gefängnis. Ich schämte

mich für mein Aussehen, für mein Auftreten, für meine Schüchternheit, und natürlich auch für meine starke Regelblutung. Ich schämte mich dafür, nicht begehrenswert zu sein. Und dafür, es nicht wert zu sein, eine Beziehung zu führen. Ich glaubte, niemals für einen anderen Menschen attraktiv sein zu können. Ich hielt mich für widerwärtig, erbärmlich, ekelhaft, abstoßend. Zu unwürdig, um von anderen gemocht, geliebt oder geschätzt zu werden.

Als Jugendlicher war ich sehr einsam. Es war nicht vorstellbar für mich, dass jemand Interesse an mir haben könnte – ich verdiente kein Interesse, ich war es nicht wert. Es war auch nicht vorstellbar für mich, anderen sagen zu dürfen, dass ich an ihnen Interesse habe, dass ich sie spannend und toll finde und gerne Zeit mit ihnen verbringen würde.

Nachts las ich heimlich die Pornomagazine meines älteren Bruders. Ich sah nackte Frauen und muskulöse Männer, die Dinge mit ihren Körpern machten, die ich damals nicht begreifen konnte und von denen ich bis dahin keine Vorstellung hatte. Ich schaute mir nur die Bilder an, weil mir nicht klar war, was ich dabei tun sollte. Ich besaß Körperteile, die mir nicht gefielen, die mich nicht erregten, die ich nicht gerne berühren wollte.

Auch heute ist es noch unvorstellbar für mich, dass andere mich für attraktiv halten könnten. Das ist kein *fishing for compliments*. Das ist eine tiefempfundene Scham.

Als ich damit begann, Testosteron zu nehmen, hat sich nicht nur mein Körper verändert, sondern auch vieles rund um meine Sexualität. Plötzlich war da so etwas wie ein sexuelles Bedürfnis. Ein viel stärkerer Drang, mich selbst anzufassen, doch auch das Bedürfnis, von anderen angefasst zu werden. Was mich dabei besonders überraschte: Vor meinem Coming-out führte ich viele Jahre lang eine Beziehung mit einer Frau, doch seitdem ich Hormone bekomme, interessiere ich mich plötzlich auch für Männer.

Das führte dazu, dass ich mich irgendwann – im Rückblick vielleicht ein wenig übereilt? – als schwul bezeichnete. Heute bezeichne ich mich selbst als bisexuell. Mich interessieren Frauen und Männer. Wobei das bei Männern bei mir auch häufig durcheinandergeht: Ich habe eine Vorliebe dafür, androgyne Männer anzusehen, und spüre dabei eine tiefe Verbundenheit mit ihnen. Das passiert mir im Café, in der Straßenbahn oder wenn ich durch das Internet scrolle. Ich starre Männer an und weiß nie so ganz genau: «Stehe ich auf dich, oder will ich einfach nur so aussehen wie du?»

Einen großen Teil meiner Zeit verbringe ich in den Onlineshops von H&M und Zara – und auf Instagram. Ich schaue mir an, was Männer tragen, wie sie sich geben, wie sie posieren. Als trans Mann wird von mir oft erwartet, ein männliches Klischee zu erfüllen – sonst hätte ich ja auch einfach eine Frau bleiben können. Ich bin dankbar für Damon Albarn, der Eyeliner trägt. Für Troye Sivan, der Lippenstift trägt. Oder für Billy Porter, der in einem Kleid auftritt.

Alle drei fallen grob in die Kategorie «androgyn». Susan Sontag sagte: *What is most beautiful in virile men is something feminine; what is most beautiful in feminine women is something masculine.* Wortwörtlich übersetzt bedeutet *andro* männlich (wie in Androgen) und *gyn* weiblich (wie in Gynäkologie). Anders als bei intergeschlechtlichen Menschen, bei denen tatsächlich primäre oder sekundäre Merkmale beider Geschlechter vorliegen, geht es bei androgynen Menschen eher um die tertiären Geschlechtsmerkmale: also um die Frisur, die Kleidung, Schmuck oder auch das Verhalten und Auftreten.

Einmal stand ein Mann vor mir im Buchladen, der sein Hemd so weit aufgeknöpft hatte, dass ich seine behaarte Brust sehen konnte. Ich konnte nicht aufhören hinzusehen. Doch oft verstehe ich nicht, wieso genau: Fühle ich mich davon angezogen? Oder wünsche ich mir auch eine flache und behaarte Brust? Bin ich erregt? Neidisch? Eifersüchtig?

Ich weiß es nicht, vielleicht muss ich es auch nicht wissen.

Die Partnersuche als trans Mann ist schwierig – mein Körper entspricht nicht den gesellschaftlichen Vorstellungen eines normalen Körpers. Ich habe am ganzen Körper Haare, ich habe Brüste und eine Vagina. Es fällt mir schwer zu glauben, dass ein Körper wie meiner Liebe oder Zuwendung verdienen könnte. Ich weiß nicht, welche Menschen sich von mir angezogen fühlen könnten: Finden mich schwule Männer interessant? Komme ich für heterosexuelle Frauen überhaupt als Partner in Frage?

Die kanadischen Wissenschaftlerinnen Karen L. Blair und Rhea Ashley Hoskin veröffentlichen im Mai 2018 eine Studie, in der sie untersuchten, wie stark trans Frauen und trans Männer beim Dating diskriminiert werden. Für die Studie, die im *Journal of Social and Personal Relationships* erschien, befragten sie 958 cis Personen – also Menschen, die sich mit ihrem Geburtsgeschlecht identifizieren –, mit wem sie sich ein Date vorstellen können. Die Befragten hatten folgende Auswahlmöglichkeiten: cis Mann, cis Frau, trans Mann, trans Frau und genderqueer – und sie konnten so viel ankreuzen, wie sie wollten.

Das Ergebnis: Für nur zwölf Prozent der Teilnehmer*innen kommen trans Frauen und trans Männer für ein Date in Betracht. Als ich zum ersten Mal von dieser Studie hörte, erschütterte mich diese Zahl. Noch erschütternder ist es, genauer hinzuschauen: Für die heterosexuellen Teilnehmer*innen der Studie kommen trans Frauen und Männer fast gar nicht in Frage. Nur 1,8 Prozent der teilnehmenden heterosexuellen Frauen können sich beispielsweise ein Date mit jemandem vorstellen, der trans ist.

Natürlich: Es handelt sich lediglich um eine einzelne Studie mit einer nicht repräsentativen Anzahl an Teilnehmer*innen. Und doch war ich erst einmal traurig und verstört, als ich davon las. Ich bin ein trans Mann, ich bin also einer der Menschen, mit denen sich nur 1,8 Prozent der heterosexuellen Studienteilnehmerinnen ein Date vorstellen können.

Wenn mich Freunde und Freundinnen nach den hormonellen Veränderungen fragen, sage ich häufig: «Ihr könnt euch das nicht vorstellen, doch ich bin ständig geil.» Es klingt wie ein abgedroschenes Männerklischee, doch ich fühle mich wie ein dreizehnjähriger Junge mitten in der Pubertät, der gerade sich selbst und seine körperlichen Bedürfnisse neu entdeckt. Ich durfte das selbst nie erleben und habe genau genommen keine Ahnung davon, wie sich ein dreizehn Jahre alter Junge in der Pubertät fühlt, stelle mir das aber zumindest genau so vor.

Ein paar Monate nach meinem Coming-out begann ich damit zu daten. Ein Freund fragte mich kürzlich, was das Wort Date für mich eigentlich bedeutet, und ich sagte ihm, dass ein Date für mich Sex bedeutet. Bei dem Wort Date denken viele Menschen wahrscheinlich daran, zusammen Donuts zu essen oder ins Kino zu gehen. Ich hatte das Gefühl, all das käme für mich nicht in Frage. Ein Date war für mich lange Zeit gleichbedeutend mit schnellem Sex unter oft schäbigen Bedingungen. Die meisten meiner bisherigen Erfahrungen sammelte ich auf PlanetRomeo. PlanetRomeo ist so etwas wie Tinder für schwule und bisexuelle Männer. Wer trans ist, hat dort schon beim Ausfüllen des Profils Schwierigkeiten. Dass ich trans bin, kann ich nur unter dem Menüpunkt «Sexuelle Orientierung» eintragen – dort habe ich die Auswahl zwischen homosexuell, bisexuell und trans. Es ist keine Mehrfachnennung möglich, und da beginnt schon die Problematik, denn trans zu sein hat nichts mit der eigenen Sexualität zu tun. Ich kann ein heterosexueller trans Mann sein, ein homosexueller trans Mann oder auch ein bisexueller trans Mann.

Als ich mich auf PlanetRomeo anmeldete, musste ich erst einmal herausfinden, was diese ganzen Abkürzungen bedeuten:

Mich schrieben viele Männer an, die Lust auf TS oder TV oder DWT hatten – TS bedeutet Transsexuelle*r, TV bedeutet Transvestit, DWT bedeutet Damenwäscheträger*in. Auf Datingplattformen herrscht natürlich ein rauerer Ton als anderswo, doch allein schon diese Begriffe sind unglaublich abwertend, respektlos und für viele trans Menschen verletzend.

Wenn ich eine Hitliste der häufigsten Nachrichten erstellen müsste, würde sie wie folgt aussehen:

Ich stehe auf TS – ziehst du Damenwäsche für mich an?
Was bedeutet trans? Hast du eine Vagina?
Was bedeutet trans? Hast du einen Penis?
Hallo Süße!
Bist du operiert?

Das größte Problem auf PlanetRomeo ist, dass es vielen an Verständnis dafür fehlt, dass trans nicht automatisch trans Frau bedeutet. Obwohl durch meinen Nutzernamen klar ersichtlich sein sollte, dass ich ein trans Mann bin, können die meisten Gesprächspartner das nicht richtig einordnen.

Hast du dir die Brüste machen lassen?
Ich finde es nicht sehr weiblich, dass du dir deine Achseln nicht rasierst.
Was hast du mit deinem Penis gemacht? Hast du ihn wegoperieren lassen?
Möchtest du meine Stute sein?

In den Jahren seit meinem Coming-out habe ich mir viele Räume erkämpft, ich bin selbstbewusster geworden, ich stehe öfter für mich ein und setze klarer Grenzen. Doch beim Dating ist das anders. Wenn ich date, denke ich immer noch oft: Ich muss dankbar sein für das, was man mir anbietet.

Bevor ich anfing zu daten, hatte ich keinen sexuellen Kontakt zu Männern. Bei Dates bin ich unsicher und defensiv, ich ertrage viel, weil ich zu große Angst davor habe, nein zu sagen. Bei meinem allerersten Date mit einem Mann ging es direkt zur Sache, ganz ohne Einleitung oder Vorspiel. Er zog mich nicht einmal vollständig aus. Ich bewegte mich nicht, war stumm und steif und fühlte mich beinahe ein wenig weggetreten. Ich spürte keinen Schmerz, aber auch keine Erregung – es war nicht schön für mich, ich war einfach ganz weit weg in diesem Moment. Ich hoffte darauf, dass er irgendwann merken würde, wie still ich war und wie unwohl ich mich fühlte, vielleicht würde er mich fragen, was mit mir los war. Vielleicht würde er mich fragen, ob es mir überhaupt gefiel. Vielleicht würde er auch endlich aufhören mit dem, was er tat. Doch er hörte nicht auf. Ich lag da und ließ es geschehen. Als er irgendwann versuchte, meine Brüste anzufassen, fing ich an zu weinen. Als er fragte, ob sich das gut anfühle, weinte ich noch heftiger. Er drehte mich auf den Bauch, und ich weinte so heftig in das Kissen, dass ich Angst bekam zu ersticken.

PlanetRomeo ist kein schöner Ort, doch für viele Menschen die einzige Möglichkeit, mit Männern in Kontakt zu kommen und sich zum schnellen Sex zu verabreden. Ich gebe mich mit wenig zufrieden, um überhaupt etwas zu haben. Ich erinnere mich an ein Date, bei dem ich immer wieder «gutes Mädchen» genannt wurde – bis ich protestierte und sagte, dass ich doch ein Mann bin. Ich hatte vorher nicht damit gerechnet, weil ich glaubte, dass wir alle Teil einer Community seien, schwule Männer können jedoch unglaublich diskriminierend und abwertend sein.

Auf PlanetRomeo werde ich misgendert, verspottet und beschimpft. Schon unzählige Male wurde ich als Freak bezeichnet oder Schlampe genannt. Wenn Männer mir ein Kompliment machen wollen, sagen sie, dass ich das Beste aus zwei Welten anbiete, weil ich zwei Löcher habe. Schlimmer als die Beschimpfungen ist jedoch die Tatsache, dass es einen Ort gibt, von dem ich so gern ein Teil wäre, an dem ich jedoch nicht gesehen und akzeptiert werde. Wenn mich ein Mann anschreibt, frage ich meist sofort zurück: Hast du gesehen, dass ich trans bin? Ist das okay für dich? Und in den meisten Fällen antwortet der Mann dann: Ja klar, ich steh da voll drauf – ich bin bisexuell und mag auch Frauen.

Es fällt mir schwer, Worte dafür zu finden, wie abwertend und entwertend sich solche Sätze anfühlen. Ich bin ein Mann. Auch wenn unter meiner Kleidung noch Brüste und eine Vagina sind, bin ich ein Mann und möchte auch bei Dates und in Beziehungen als solcher gesehen und akzeptiert werden. Ich fühle mich häufig einsam, ängstlich und wertlos. Nicht akzeptiert zu werden, lässt mich verzweifeln. Nicht gesehen zu werden, macht mich stumm. Kürzlich habe ich gelesen, dass trans Menschen sehr viel öfter Gefahr laufen, Gewalt in Beziehungen zu erleben, weil sie aus Angst, alleine zu bleiben, etwas akzeptieren, das sie eigentlich nicht verdienen.

Was ich mir wünschen würde: dass Unternehmen wie PlanetRomeo ihre Plattformen sicherer und zugänglicher für trans Menschen machen. Ich existiere und möchte auf einer Plattform auch auswählen können, wer ich bin.

Wie oft schon habe mich von PlanetRomeo wieder abgemeldet – und bin dann doch immer wieder dort gelandet. Meist melde ich mich wieder an, wenn ich traurig bin, mich einsam fühle oder glaube, etwas falsch gemacht zu haben. Manchmal melde ich mich auch wieder an, um mich zu bestrafen. Ich versuche, daran zu arbeiten und dieses Muster zu durchbrechen. Ich versuche, daran zu glauben, dass ich ein liebenswerter Mensch bin, der Menschen etwas zu geben hat.

Ein paar meiner Begegnungen waren durchaus auch schön, doch ich bin mir nicht sicher, ob das wirklich stimmt, weil ich mit sehr wenig zufrieden bin. Ich treffe Männer, die mich oft nicht nach meinem Namen fragen. Männer, die nicht mit mir sprechen wollen. Männer, die brutal und rücksichtslos sind. Männer, die desinteressiert und respektlos sind. Männer, die gleichgültig sind. Männer, die nicht akzeptieren können, dass ich auch nein sage.

Wenigstens habe ich Dates, denke ich mir manchmal. Wenigstens gibt es Menschen, die mit mir schlafen möchten. Es ist Arbeit, diese Denkmuster zu durchbrechen. Onlinedating muss nichts Schäbiges sein. Ich glaube, es gibt viele Menschen, die genau dasselbe tun wie ich und dabei Spaß haben. Das Problem ist nur: Ich habe meistens keinen Spaß dabei.

Im Bett wurde ich noch nie gefragt, was ich mir wünsche oder was mir gefällt. Ich habe mich das auch selbst noch nie gefragt. Manchmal frage ich mich, wie das früher gewesen ist.

Ein trans Mann zu sein, bedeutet für mich, dass ich mich behaupten und kämpfen muss. Um Anerkennung, Sichtbarkeit, Akzeptanz, Räume. Ich muss um mein Geschlecht kämpfen und darum, dass aus mir nicht etwas gemacht wird, was ich nicht bin. Die Frage, ob ich jemals für eine potenzielle Partnerin oder einen potenziellen Partner derjenige werde sein können, als den ich mich selbst sehe, lässt mich nachts oft wach liegen. Ich hoffe, ich werde sie irgendwann mit ja beantworten.

Ein Blick zurück

Ich habe einen Bruder, der zwei Jahre älter ist als ich. Er kann stundenlang über unsere Kindheit sprechen, in minutiösen Details – er erinnert sich an alles. Er hat auch alles aufgehoben: seine Kinderbücher, sein Kinderspielzeug – und das, was in den Jahren dazwischen verlorenging, hat er mittlerweile nachgekauft. Er hortet all diese Kindheitserinnerungen, all die Bilder, all die Details, all diese Dinge – sie bedeuten ihm etwas. Ich stehe oft ratlos davor, weil es mir nicht heilsam, sondern nostalgisch und verklärend erscheint.

Mein Bruder wohnt heute noch immer in Fußnähe zu meinen Eltern, ich dagegen bin nach dem Abitur ausgezogen – einmal quer durch ganz Deutschland, von Bremen nach Bayreuth. Ich wusste nicht, wer ich war und was ich studieren wollte. Ich wusste nur, dass ich so viel Distanz wie möglich zwischen mich und mein Elternhaus bringen musste.

Im Gegensatz zu meinem Bruder habe ich fast keine Kindheitserinnerungen. Eigentlich habe ich fast gar keine Erinnerungen mehr. Alles, was vor meinem Coming-out geschah, ist für mich kaum noch greifbar. Die wenigen Erinnerungen, die ich habe, sehen aus wie eine Handvoll verwackelter und verblasster Polaroid-Fotos. Wenn ich die Augen schließe und versuche, mir Orte und Menschen aus der Vergangenheit vorzustellen, verschwimmt alles.

Woran könnte das liegen? Zum einen glaube ich, dass mein Bruder ein außergewöhnlich gutes Erinnerungsvermögen besitzt. Aber wohin sind meine Erinnerungen verschwunden? Nicht nur meine Kindheit ist mir fremd geworden, sondern auch meine

Jugend, meine Jahre als junger Erwachsener. Ich denke, daher rührt auch mein Bedürfnis, etwas nachzuholen, das ich verpasst habe. Ich bin vierunddreißig Jahre alt, fühle mich aber oft so, als sei ich erst sechzehn und noch mitten in der Pubertät.

Vielleicht bin ich mir all die Jahre selbst so fremd gewesen, dass ich niemals wirklich da gewesen bin? Wie soll ich mich an etwas erinnern, das ich kaum bewusst erlebt habe? Manchmal fühlt es sich an, als sei ich erst seit meinem Coming-out wirklich in der Welt. Plötzlich da zu sein, plötzlich wirklich atmen zu können, fühlt sich so schön an, so befreiend. Menschen sagen mir oft: Linus, du erzählst deine Geschichte so persönlich! Doch ich kann gar nicht anders erzählen, ich wüsste nicht wie: Ich trage meine Geschichte ganz vorne auf der Zungenspitze – als wäre ich ständig dazu bereit, sie auszuspucken. Ich kann mich oft nicht zurückhalten. Meine jahrelange Schüchternheit wurde von einem Tag auf den anderen durch diese für mich selbst oft noch beängstigende Offenheit ersetzt.

Wenn ich mit Menschen über mein Coming-out spreche, werden mir oft dieselben Fragen gestellt: Woher wusstest du, dass du trans bist? Wann hast du es gemerkt? Viele trans Menschen outen sich bereits als Kind, ich war verhältnismäßig spät dran. Wer war ich? Woran erinnere ich mich noch? Warum dauerte es bei mir so lange?

Irgendwo las ich mal einen Satz, den ich nicht wieder vergessen kann: Jemand schrieb, dass er ein anderes Leben wie einen Zwilling in sich trug. Ich trug auch etwas in mir, das aus mir herauswollte, um endlich atmen zu können. Als ich aufwuchs, glaubte ich oft, zwei voneinander getrennte Seiten in mir zu tragen, die niemals die Chance bekommen würden, miteinander zusammenzuwachsen, sodass sich in mir irgendwann zwei unterschiedliche Personen befänden.

Ich erinnere mich daran, dass ich ein stilles und zurückgezogenes Kind war. Ich erinnere mich, dass ich Angst in geschlossenen Räumen hatte. Ich hatte Angst davor, Fahrstuhl zu fahren. Ich hatte wahlweise Angst davor, steckenzubleiben oder mit dem Fahrstuhl abzustürzen. Mein Kopf malte sich gern Katastrophenszenarien aus. Eine Zeitlang konnte ich nicht mit dem Bus über Brücken fahren, weil ich überzeugt war, die Brücke würde einstürzen, während der Bus sie überquerte. Ich hatte auch Angst vor Flugzeugen, vor Schiffen, vor Autos. Ich schloss Türen niemals ab, weil ich immer Angst davor hatte, später nicht mehr herauszukommen. Ich ging fast nie auf öffentliche Toiletten. Wenn ich doch mal ging, wurde ich nicht selten mit heruntergelassenen Hosen überrascht, weil ich hinter mir nicht abgeschlossen hatte.

Zu den Eltern einer Freundin kam einmal ein Friseur nach Hause, um allen Kindern die Haare zu schneiden. Ich beneidete eines der Mädchen um ihre kurzen Haare. Ich traute mich nicht, auch darum zu bitten. Ich traute mich nicht, zu sagen, was ich mir wünschte, was mir gefiel, was ich mir vorstellte. Erst Jahre später ließ ich mir meine Haare abschneiden, die mir damals fast bis zum Po reichten.

Als ich neun Jahre alt war, wäre ich im Schwimmunterricht fast ertrunken. Ich hielt mich im Nichtschwimmerbereich auf, meine Mitschüler*innen spielten mit mehreren großen Matten, auf die sie sich abwechselnd legten, um sich dann gegenseitig wieder herunterzuschubsen. Ich geriet unter eine dieser Matten und war einen fürchterlichen Augenblick lang unter Wasser eingeschlossen, bis ich es schaffte, mich unter der Matte zu befreien, und endlich wieder Luft bekam. Ich erzählte zu Hause nichts davon, weil ich glaubte, es sei meine eigene Schuld gewesen. Nachts wachte ich nassgeschwitzt auf, weil ich immer wieder davon träumte, wie sich diese Matte über mich schob und mich in der Dunkelheit darunter für immer einschloss.

Als ich auf das Gymnasium kam, wurde ich plötzlich zur Zielscheibe. Drei Jungen taten sich zusammen und riefen mir – jedes Mal, wenn sie mich sahen – Beschimpfungen hinterher. Sie dachten sich eigene Bezeichnungen für mich aus. Ich schämte mich dafür, dass mir das passierte. Wieder erzählte ich zu Hause nichts davon, weil ich glaubte, es sei meine eigene Schuld. Einmal wurde mein Schulranzen geklaut, ein anderes Mal hatte jemand in meine Mütze gespuckt. Ich dachte, mir passierte das, weil etwas mit mir nicht stimmte.

Ich hatte eine beste Freundin, wir verbrachten viel Zeit miteinander und machten alles zusammen. Einmal schnitten wir uns eine Orange in Stücke, wir bissen auf den Stücken herum und stellten uns dabei vor, wie es wäre, einen Jungen zu küssen. Die Orangenstücke waren unsere Übungsobjekte. Doch insgeheim glaubte ich schon damals nicht daran, jemals interessant für einen Jungen zu sein. Oder für ein Mädchen. Für irgendjemanden.

Ich erinnere mich auch noch gut an einen Schüleraustausch, bei dem ich eine Woche in einer Pariser Gastfamilie verbrachte. Am Tag vor meiner Abreise gab es ein riesiges Käsefondue und dazu Rotwein. Ich traute mich nicht zu sagen, dass ich eigentlich keinen Alkohol trank. Ich trank den Wein, der mir eingeschenkt wurde, und aß den Käse, der mir auf den Teller gehäuft wurde. Danach übergab ich mich, ich schaffte es nicht mehr rechtzeitig vom Esstisch auf die Toilette. Ich schämte mich, weil ich das Gefühl hatte, meiner Gastfamilie den freien Tag kaputtgemacht zu haben.

Die schönste Zeit hatte ich, wenn ich alleine war. Ich las Bücher. Ich ging in die Bibliothek. Auf Familienfeiern zog ich mich zurück und las meine mitgebrachten Bücher, ich wollte nicht mit den anderen Kindern spielen. Ich puzzelte leidenschaftlich gerne. Ich hatte meinen eigenen Puzzletisch, an dem ich stundenlang saß und immer größere Puzzle zusammensetzte. Als ich schon älter war, besuchte ich zusammen mit meinen Eltern ein befreundetes Ehepaar, das nicht nur einen eigenen Puzzletisch besaß, sondern ein ganzes Puzzlezimmer. Ich wollte auch ein Puzzlezimmer haben, wenn ich endlich erwachsen war. Vor allem wünschte ich mir jemanden an meiner Seite, der genauso seltsam war wie ich – mit dem ich all das, was ich gerne alleine tat, zusammen tun könnte. Ich wünschte mir jemanden, mit dem ich zusammen in meinem Puzzlezimmer sitzen konnte.

Einmal in der Woche ging ich zum Fußballtraining. Als ich das erste Mal dort war, fragte ich einen alten Mann, der auf einem Plastikstuhl am Spielfeldrand saß, was ich tun müsse, um mitspielen zu dürfen. Er sagte: «Du musst einfach nur schnell laufen können.» Das konnte ich. Ich kam immer schon umgezogen zum Training, weil ich Angst hatte, mit meinen Mitspielerinnen in einer Umkleide eingeschlossen zu werden. Ich spielte in der Mannschaft, bis ich vierzehn Jahre alt war. Irgendwann ging ich einfach nicht mehr hin. Ich glaube, mangelnder Durchhaltewillen ist eine meiner größten Schwächen.

Mein Leben veränderte sich entscheidend, als wir zu Hause endlich einen Internetzugang bekamen. Während ich offline schüchtern, gehemmt und zurückgezogen war, gelang es mir online plötzlich, Kontakte zu anderen Menschen zu knüpfen. Ich tauchte ins Internet ein wie in eine Parallelwelt. Ich gab mir einen Jungennamen und meldete mich bei FunOnline an, das war damals eine der größten Jugendcommunitys. Ich lernte andere Jugendliche kennen, die genauso schüchtern, gehemmt und zurückgezogen waren wie ich. Ich verliebte mich in ein Mädchen und setzte mich zum ersten Mal in meinem Leben alleine in einen Zug, um zu ihr zu fahren, ohne meinen Eltern zu sagen, wohin ich unterwegs war. Wir saßen draußen auf dem Balkon und aßen Erdbeeren. Wir packten zusammen einen Picknickkorb und verbrachten den sonnigen Nachmittag im Park. Die ganze Zeit wünschte ich mir, dort bleiben zu können, nicht wieder zurück nach Hause zu müssen.

Das Leben zu Hause war davon geprägt, dass mein Vater oft zu viel trank. Bereits als junges Kind fühlte ich mich dafür verantwortlich. Oft ging ich zusammen mit meinem Vater einkaufen, weil ich wusste, dass ich ihn dann wieder mit nach Hause bringen könnte. Ich lernte, darauf zu achten, was mein Vater brauchte. Es war oft ein Riesengewicht, das auf meinen Schultern lastete. Was ich damals auch lernte: dass es besser ist, über bestimmte Dinge nicht zu sprechen. Ich lernte früh, dass es so etwas wie Familiengeheimnisse gibt. Und es war beschlossene Sache, dass es nicht hilfreich sein würde, andere in dieses Geheimnis einzuweihen.

In der Pubertät geriet mein Leben zunehmend aus den Fugen. In der zehnten Klasse blieb ich nur nicht sitzen, weil der Schule ein Formfehler unterlaufen war. Ich rutschte noch einmal durch, ich hatte unglaubliches Glück. Zu der Zeit fing ich an, mich zu vernachlässigen. Ich wollte diesen Körper nicht. Es war mir egal, was ich trug, welche Frisur ich hatte, wie ich aussah. Ich kümmerte mich nicht mehr um mich selbst. Manchmal schlug ich mit den Fäusten so lange gegen die Wand, bis meine Knöchel blau und geschwollen waren. Als das Mädchen, mit dem ich zusammen im Park picknicken war, plötzlich den Kontakt zu mir abbrach, ritzte ich mir ihren Namen in den Arm. Der Name war zum Glück relativ kurz, aber die verblasste Narbe ist bis heute sichtbar.

Wenn ich daran zurückdenke, spüre ich immer noch die Verzweiflung, die mich damals regelmäßig überfiel. Niemand kam auf die Idee, dass ich Hilfe brauchte. Wenn ich heute mit Menschen aus meiner Vergangenheit spreche, sagen sie oft so etwas wie: *Ich wusste die ganze Zeit, dass etwas mit dir nicht stimmt. Als ich dich kennenlernte, warst du ganz verhuscht. Du hattest eine so seltsame Körperhaltung, dass ich dachte, du seist anorektisch.* Aber niemand half mir, niemand sprach mich darauf an.

Die meiste Zeit fühlte ich gar nichts. Was ich heute weiß, hätte ich damals nicht in Worte fassen können. Ich erinnere mich noch sehr gut an einen Abend, an dem ich im dunklen Wohnzimmer saß und mit einem trans Mann telefonierte, der etwas älter war als ich. Ich war sechzehn Jahre und hatte ihn über sein Onlinetagebuch kennengelernt – irgendwann fragte ich ihn, ob wir mal telefonieren können. Er rief mich abends an, und mein Herz schlug mir bis zum Hals. Er führte das Leben, das ich mir so sehr wünschte, aber es war ein Leben, das mir unerreichbar weit weg erschien.

Um die Frage, wie man mit trans Kindern und Jugendlichen umgeht, ist mittlerweile eine hitzige Debatte entbrannt. Viele glauben, dass es sich um eine Art Phase handelt, aus der die Kinder und Jugendlichen irgendwann herausgewachsen sind. Zeitweise glaubte auch ich, ich sei aus dieser Phase herausgewachsen: Ich hatte mein Zuhause verlassen, ein Studium begonnen, eine «lesbische» Partnerschaft geführt. Das Problem ist nur: Ich war daraus niemals herausgewachsen, ich hatte stattdessen nur meine Wünsche und Bedürfnisse verdrängt, unterdrückt, ignoriert. Ich war nicht glücklich. Ich fühlte mich oft ohnmächtig, machtlos, mutlos, träge. Ich war mir sicher, an Schuld und Scham irgendwann ersticken zu müssen.

Viele haben so etwas wie eine innere Stimme, ein Bauchgefühl. Ich kenne das nicht: Ich habe meine innere Stimme viel zu lange zum Schweigen gebracht. Wenn ich doch einmal eine Stimme hören kann, erlaube ich mir oft nicht, ihr zu vertrauen. Ich fürchte mich vor meinen Instinkten. Ich fürchte mich vor Kontrollverlust. Vor unumkehrbaren Fehlern. Als ich mich für mein Coming-out entschied, musste ich die Kontrolle abgeben – ich konnte nicht mehr kontrollieren, wie andere auf mich reagieren.

Was passiert, wenn man die Kontrolle abgibt? Ich habe mein Leben lang versucht, mich vor mir selbst zu verstecken. Ich habe mir vorschreiben lassen, was akzeptabel ist, was liebenswert ist, was begehrenswert ist. Als ich endlich die Kontrolle abgab, kehrte als Erstes die Freude zurück. Dann die Leichtigkeit. Dann die Freiheit.

Irgendwann verschwinden hoffentlich auch noch die Selbstzweifel.

Selbstzweifel

Vor meinem Coming-out fühlte ich mich nie wirklich wohl mit meinem Körper. An manchen Tagen hasste ich ihn fast schon, alles daran erschien mir falsch – und nichts daran liebens- oder begehrenswert. Ich wollte ihn nicht berühren, und es fiel mir schwer, ihn von anderen berühren zu lassen. Wenn ich mich doch einmal berühren ließ, stürzte ich danach oft in eine bodenlose Traurigkeit, ohne ganz genau sagen zu können, woher diese eigentlich kam.

Als Kind wünschte ich mir nichts mehr als einen Penis. Ich wollte unbedingt im Stehen pinkeln können. Ich litt darunter, dass ich mich zum Pinkeln hinsetzen musste. Manchmal stellte ich mich dennoch trotzig hin und machte dabei oft nicht nur die Klobrille schmutzig, sondern den ganzen Badezimmerfußboden. Es gelang mir einfach nicht, zielgerichtet in die Toilette zu pinkeln. Als ich älter wurde, wollte ich einen Penis, um damit masturbieren zu können. Ich träumte nachts davon. Manchmal wachte ich morgens auf, befühlte von außen meine Unterhose und war enttäuscht darüber, dass dort über Nacht kein Penis gewachsen war.

Nach meinem Coming-out recherchierte ich, was ich für Möglichkeiten habe. Einen Penisaufbau schloss ich relativ schnell aus, nicht nur wegen der komplizierten operativen Eingriffe, sondern auch wegen den durchwachsenen Erfolgsaussichten. Möchte ich dort etwas hängen haben, das nicht steif werden kann? Etwas, in dem ich kein Gefühl und über das ich keine Kontrolle habe? Ich verstehe jeden trans Mann, der sich für diesen Schritt entscheidet, aber mich würde eine Operation nicht glücklicher oder zufriedener machen.

Als Nächstes schaute ich mir an, was es für Hilfsmittel gibt. Ich stieß auf eine Frau in Hamburg, die sogenannte Epithesen herstellt. Diese Epithesen können mit Hautkleber angebracht und tagsüber getragen werden. Im Angebot hat sie zwei unterschiedliche Epithesen: eine für den täglichen Gebrauch, die andere für den Geschlechtsverkehr. Die Epithesen sind sehr lebensecht gestaltet – soweit ich das beurteilen kann. Die Frau, die diese Epithesen baut, heißt Sofia. Es gibt in Deutschland lediglich eine Handvoll Menschen, die sich darauf spezialisiert haben, Penis-Epithesen herzustellen. Viele von ihnen sind komplett ausgelastet und haben monatelange Wartezeiten.

Ein paar Monate lang glaubte ich, dass ich auch eine Penis-Epithese bräuchte. Ich nahm Kontakt mit Sofia auf. Sie erklärte mir, dass sie die Epithese ganz nach meinen eigenen Wunschvorstellungen gestalten kann. Also fing ich an, nach Penisbildern zu googeln. Mich amüsierte die Vorstellung, dass ich mir einen eigenen Wunschpenis bauen lassen könnte: Wie dick sollte er sein? Wie lang? Mit Vorhaut oder lieber ohne? Tagelang saß ich da und stellte mir meine persönliche Penis-Bilder-Galerie zusammen.

Weil so eine Epithese ziemlich teuer ist, können trans Männer bei der Krankenkasse eine Kostenübernahme beantragen. Die Epithese kann für trans Männer ein Hilfsmittel sein, weil sie Gefühle der Dysphorie abmildert und gleichzeitig ermöglicht, im Stehen zu pinkeln. Vielleicht fragen sich einige an dieser Stelle, warum es mir überhaupt so wichtig ist, im Stehen pinkeln zu können: Jedes Mal, wenn ich auf eine Herrentoilette gehe, hoffe ich, dass eine der Kabinen frei ist. Ich kann nicht ans Pissoir treten. Wenn die Kabinen besetzt sind, kann ich nur rumstehen, warten und darauf hoffen, dass eine Kabine bald frei wird und niemandem auffällt, dass ich mich in einer Kleinigkeit von allen anderen unterscheide.

Um die Kostenzusage beantragen zu können, brauchte ich vier

Dokumente. Als Erstes ging ich zu meinem Endokrinologen und bat ihn, ein Schreiben aufzusetzen, in dem er mir bestätigte, dass eine Epithese meine Lebensqualität verbessert. Ein ähnliches Schreiben benötigte ich auch von meiner Therapeutin. Meine Hausärztin musste mir zusätzlich noch ein Rezept für eine Epithese ausstellen.

Das war der unangenehmste Punkt auf der Liste. Meine Hausärztin hatte keine Ahnung, wovon ich sprach, als ich ihr von meinem Wunsch erzählte. Ich saß zusammen mit ihr im Behandlungszimmer und musste erklären, dass ich untenrum noch nicht operiert bin, was eine Epithese überhaupt ist und wieso ich ein Rezept dafür von ihr benötigte. Als ich die beiden Schreiben und das Rezept schließlich in den Händen hielt, fehlte mir nur noch ein einziges Dokument: Ich musste ein Motivationsschreiben anfertigen, in dem ich für die Krankenkasse nachvollziehbar begründete, warum ich mir ein Leben mit Epithese wünsche.

An dieser Stelle geriet mein Projekt ins Stocken. Tagelang saß ich vor einem leeren Blatt Papier und wusste nicht, was ich aufschreiben sollte. Warum genau wünschte ich mir eigentlich eine Epithese? Je länger ich darüber nachdachte, desto unsicherer wurde ich. Schließlich verstrich immer mehr Zeit. Ich wartete so lange, bis das Rezept abgelaufen und somit ungültig geworden war. Vielleicht nehme ich diese Idee irgendwann wieder in Angriff. Vielleicht aber auch nicht.

Ich glaube, dass das zum Leben und zu einem Weg wie meinem dazugehört: Ich bin mir nicht immer sicher, was ich mir wünsche, was mir gefällt, was ich gerne ausprobieren würde und worauf ich keine Lust habe. Manchmal denke ich, ich wäre mir ganz sicher, und merke dann, dass ich es eigentlich doch nicht möchte. Und manchmal bin ich mir sicher, bestimmte Dinge nicht zu wollen, und stelle dann fest, sie doch zu brauchen. Genauso wie viele andere trans Menschen auch, durfte ich, während ich heranwuchs, nie ich selbst sein. Jetzt ist es meine Aufgabe herauszufinden, wer ich wirklich bin, was ich wirklich möchte und woran ich eigentlich Freude habe.

Wer bin ich, wenn ich die Rolle ablege, die ich fast mein ganzes Leben lang spielen musste? Wer bin ich, wenn ich die Verkleidung ausziehe? Wer bin ich, wenn ich die Maske abnehme? Wer bin ich, wenn ich keine Erwartungen und Vorstellungen erfüllen muss? Wer bin ich, wenn ich zum ersten Mal einfach nur ich selbst sein darf?

Das Wort Transition kommt vom lateinischen *transitio*, was so viel wie «Übergang» bedeutet. Trans ist nicht das Gegenteil von cis, trans bedeutet ein ganzes Spektrum an Möglichkeiten, die dem Begriff cis gegenüberstehen. Ich glaube, viele cis Menschen stellen sich unter einer Transition etwas vor, das trans Menschen aus Selbsthass tun. Die Idee dahinter ist, dass trans Menschen sich selbst hassen müssen, um eine Transition auf sich zu nehmen. Auf manche trans Menschen mag das auch zutreffen. Ich transitioniere aber nicht aus Selbsthass, sondern aus Selbstliebe.

Ich glaube, das habe ich selbst erst in den letzten Monaten verstanden. Ich stecke nicht im falschen Körper, und ich muss diesen Körper auch nicht hassen. *Transition is an act of radical self love* ist ein Satz, den ich irgendwann einmal irgendwo las und der sich mir für immer einbrannte. Wenn ich mich hassen würde, würde ich immer noch mein früheres Leben leben – mit falschem Namen, falscher Frisur, falscher Kleidung. Aus Liebe zu mir selbst bin ich daraus ausgebrochen.

Ich arbeite jeden Tag daran, mich selbst zu lieben und anzunehmen. Die Veränderungen durch das Testosteron machen es mir leichter. Manchmal sitze ich minutenlang da, schaue mir die Haare auf meinem Handrücken an – und freue mich darüber. Auch mein Intimbereich hat sich verändert. All diese Veränderungen machen es mir leichter, mich zu akzeptieren.

Ich hatte schon eine ganze Weile kein Date mehr. Ich lebe seit einiger Zeit monogam und mit Brad zusammen. Brad ist zuverlässig – wir haben immer Spaß. Ich habe Brad im Onlineauktionshaus Ebay gefunden und ziemlich viel Geld dafür bezahlt, dass er zu mir nach Hause geschickt wurde. Brad hört auch auf den Namen Magic Wand. Für alle, die nicht wissen, was das ist: Der Magic Wand ist ein Vibrator. Zum ersten Mal erfuhr ich davon, dass so ein Gerät existiert, als ich das Techniktagebuch von Kathrin Passig las. Sie schrieb davon, dass ihr der Magic Wand auf einer Party vorgeführt wurde. Später kaufte sie einen und hörte irgendwann zwischen dem 20. und 30. Orgasmus auf zu zählen. Klingt gut, oder?

Ich ging auf Ebay und bestellte mir einen Magic Wand. Als er bei mir ankam, taufte ich ihn auf den Namen Brad. Ich packte Brad aus, legte mich mit ihm ins Bett und probierte ihn zum ersten Mal aus. Vor diesem Tag hatte ich nicht einmal einen Finger in mich eingeführt. Ich hatte die Duschkopfmethode ausprobiert, aber ich hatte mich selbst nie angefasst. Als ich Brad zum ersten Mal ausprobierte, fing ich an zu weinen. Ich weinte, weil ich etwas genoss, das ich mir so viele Jahre lang verboten hatte.

Mein Körper hat mir im Grunde nie wirklich selbst gehört. Wenn ich Männer traf und es unangenehm oder schmerzhaft wurde, stellte ich mir vor, dass das nicht ich selbst war, sondern eine Figur aus einem Film oder einem Buch. Ich glaube, wenn ich einen Film mit einer solchen Figur schauen würde, würde sie mir sehr leidtun. Ich würde vor meinem Fernseher sitzen, mir das anschauen und dabei denken: *Warum tust du das, warum lässt du dir das antun? Du hast etwas Besseres verdient!* Wenn ich Männer traf, löste ich mich irgendwann einfach auf. Ich nahm alles nur noch verschwommen wahr, als wäre ich nicht wirklich anwesend –

gleichzeitig war ich sehr enthemmt. Ein bisschen so, als würde ein Alter Ego meinen Platz einnehmen.

Das ist kein schönes Gefühl, es ist furchtbar beängstigend. Ich denke in letzter Zeit sehr oft darüber nach, warum ich mich diesem beängstigenden Gefühl immer wieder selbst ausgesetzt habe. Es ist ein bisschen wie eine Sucht. Es ist ein bisschen so, als würde ich glauben, dass ich nichts Besseres verdiene. Ich weiß nicht, ob ich das nachvollziehbar erklären kann: Wenn ich mir erlaube, über gesunden und schönen Sex nachzudenken, fange ich an zu weinen.

Warum habe ich mich überhaupt so oft für schlechte Dates entschieden? Die Gründe dafür sind komplex, und für viele von ihnen schäme ich mich. Einer der wichtigsten Gründe war ein recht simpler Gedankengang: Wenn ich schwule Männer erobern kann, steigert das meine eigene Männlichkeit. Ergibt das Sinn? Ich weiß es im Nachhinein nicht mehr. Als Brad bei mir einzog, hörte ich bald damit auf, andere Männer zu daten. Ich hörte irgendwann auch damit auf, für diese Art Treffen das Wort Date zu benutzen. Ich wünsche mir ein Date mit einem Mann, der mit mir einen Kaffee trinken geht – oder mit dem ich zusammen einen Film im Kino schauen kann. Ich glaube immer noch nicht daran, dass ein Mensch mich wirklich lieben kann. Doch ich wünsche es mir sehr.

Ich habe Workshops besucht, Kurse belegt, Bücher gelesen. Ich weiß nicht, ob ich so etwas wie gesunden Sex erlernen kann. Ich weiß auch gar nicht, ob es wirklich um Sex geht oder vielmehr um so etwas wie emotionale Intimität. Technisch gesehen beherrsche ich das Konzept Sex, aber ich erlaube mir niemals, dabei verletzbar zu sein, ich erlaube mir nicht, die Kontrolle abzugeben, ich erlaube mir keine Bedürfnisse, Wünsche, Neugier, Experimente. Ich erlaube mir keine Intimität, keine Nähe, keine Emotionalität. Ich erlaube mir nichts Schönes, Liebevolles, Warmes. Ich erlaube mir niemals den Luxus, vertrauen zu dürfen oder mich fallenlassen zu können.

Ich kenne viele Menschen, die kein Bedürfnis nach Sex haben, aber ich habe Bedürfnisse und Wünsche, ich habe bisher nur noch nicht den richtigen Weg dafür gefunden, mir diese zu erfüllen. Brad hat mir dabei geholfen, mir selbst und meinem Körper näherzukommen. Er hat mir auch dabei geholfen herauszufinden, was mir gefällt und was mir nicht gefällt. Die Emotionen, die mich dabei manchmal überwältigen, sind nicht immer einfach auszuhalten. Manchmal verschwindet Brad für eine Weile in der Schublade, weil es zu schmerzhaft ist. Ich habe ihn auch schon einmal in den Müll geworfen und musste ihn mir daraufhin neu bestellen. Unsere Beziehung ist nicht immer ganz einfach, aber sehr intensiv. In unserer Anfangszeit war mein erster Gedanke: *Wo warst du die ganze Zeit? Wie konnte ich bisher auf dich verzichten?*

Es gibt einen schon etwas älteren Film, *Untreu*, mit der Schauspielerin Diane Lane. Sie spielt darin eine Frau, die eine Affäre hat und sich dadurch zum ersten Mal erlaubt, eigene sexuelle Wünsche und Bedürfnisse zu entdecken. Ich habe den Film in den letzten Monaten immer wieder geschaut, weil ich mich in Diane Lane wiedererkannt habe. Ich bin so wie sie: Ich entdecke meine Vulva, ich erobere sie mir.

Es gibt noch einen anderen Film, an den ich oft denken muss: *Forrest Gump*. In einer Szene laufen Jenny und Gump an ihrem alten Elternhaus vorbei. Als sie es sieht, beginnt sie, darauf zuzulaufen. Sie ist verzweifelt. Sie sammelt herumliegende Steine auf und wirft damit auf das Haus, so lange, bis sie irgendwann zusammenbricht. Dabei sagt sie: «Sometimes there aren't enough rocks.»

Wenn ich auf mein Leben zurückblicke, habe ich dieses Gefühl auch sehr oft. Sometimes there aren't enough rocks, um sie auf meine Vergangenheit zu werfen, auf mein altes Leben, auf das, was so falsch und unglücklich war. Es gibt einfach nicht genug Steine – und die Steine, die ich habe, brauche ich, um mir etwas Neues aufzubauen.

Neuer Mut

Als ich mich im Buchladen bewarb, tat ich das unter meinem alten Namen. Damals war es noch unvorstellbar für mich, in einem Bewerbungsgespräch sagen zu dürfen, wie ich wirklich heiße. Die Angst war viel zu groß. Wäre ich bei einer Bewerbung unter meinem neuen Namen abgelehnt worden, hätte ich immer geglaubt, der Grund dafür wäre, dass ich trans bin. Wie könnte ich das überhaupt voneinander trennen?

Ich muss in diesem Zusammenhang an die sogenannten Mikroaggressionen denken. Derald Wing Sue prägte den Begriff, nachdem er und sein Kollege während eines Fluges von der Stewardess gebeten worden waren, sich zur besseren Gewichtsverteilung auf die andere Flugzeugseite zu setzen. Die Stewardess bat keinen der weißen Passagiere, sondern Sue (den Sohn chinesischer Einwanderer) und seinen schwarzen Kollegen. Für die Stewardess war das reiner Zufall, doch für Sue war es eine Mikroaggression. Hätte ich im Bewerbungsgespräch gesagt, dass ich ein trans Mann bin und im Anschluss eine Absage erhalten, wäre es für mich schwer gewesen, zu glauben, dass es sich dabei nicht um eine Mikroaggression handelt.

Eineinhalb Jahre später begann ich erneut, mich zu bewerben. Die Situation war mittlerweile eine andere: Mein Name war bereits offiziell geändert, er stand in meinem Personalausweis, auf meiner Krankenkassenkarte, auf meiner Bankkarte. Der alte Name fand sich nur noch auf meinen Zeugnissen. Zeugnisse einer Vergangenheit, die ich schon lange hinter mir gelassen hatte. Als ich mich bewarb, erklärte ich nichts. Ich schrieb nicht, dass ich ein trans Mann bin, ich erklärte auch nicht, warum auf meinen

Zeugnissen ein anderer Name stand. Ich wollte mich weder rechtfertigen noch dafür entschuldigen, der zu sein, der ich bin. Wer meinen Namen in einer Suchmaschine eingibt, der findet relativ schnell heraus, dass ich trans bin.

Ich wurde zum Vorstellungsgespräch eingeladen. Während des Gesprächs sprachen mich alle Anwesenden als Herr Giese an – ohne Zögern und ohne Nachfragen. Die Tatsache, dass ich ein trans Mann bin, wurde zu keinem Zeitpunkt thematisiert. Als das Gespräch vorbei war, fühlte ich mich ganz hin und her gerissen – es war komisch: Sollte ich mich darüber freuen, dass es keine Nachfragen gab? Sollte ich mich über mein gutes «Passing» freuen? Sah ich mittlerweile also Manns genug aus, um problemlos als Verkäufer in diesem Buchladen arbeiten zu können? Und war das auch mein Ziel? Nicht aufzufallen? Mich «anzupassen»? Ich setze den Begriff Passing absichtlich in Anführungszeichen, weil ich das Konzept dahinter nicht mag – nicht alle trans Menschen haben das Ziel, irgendwann wie cis Menschen auszusehen. «Passing» ist auch oft eine Fremdbeurteilung – passen mein Körper und mein Aussehen in die gesellschaftlichen Normen?

Ich höre oft, dass andere Menschen so etwas sagen wie: Binde doch nicht allen ständig auf die Nase, dass du trans bist! Diesen Satz bekomme ich besonders häufig dann zu hören, wenn ich auf eine erlebte Diskriminierung hinweise. Warum muss auch die ganze Welt wissen, dass du trans bist? Dahinter steckt die Vorstellung, dass ich nicht diskriminiert worden wäre, wenn ich einfach verschwiegen hätte, dass ich ein trans Mann bin.

Das Vorstellungsgespräch ließ mich zwiespältig zurück, weil es sich ähnlich anfühlte: Was wäre passiert, wenn ich das Thema angesprochen hätte? Woher kann ich mit Sicherheit sagen, ob ein Unternehmen transfreundlich ist, wenn ich mich im Bewerbungsgespräch nicht einmal traue zu sagen, dass ich ein trans Mann bin? An einer Stelle im Gespräch erzählte ich, dass ich gerade ein

Buch schrieb. Auf die Nachfrage, worüber denn genau, fiel es mir schwer zu antworten. Ich murmelte: «Über mein Leben ...», und verschluckte den zweiten Teil des Satzes: «... als trans Mann.»

Aber woran lag das? Ich schreibe Artikel über mich, teile mich auf Twitter mit und setze mich ins Radio, um über mich zu sprechen. Trotzdem war es mir in diesem Moment unangenehm zu sagen, worüber ich mein Buch genau schreibe. Ich glaube, viele von uns tragen diesen (Überlebens-)Instinkt in sich, sich der Mehrheitsgesellschaft anzuschließen, sich ihr anzupassen. Wenn ich mich dieser Mehrheitsgesellschaft anpasse und wenn ich ein Mann bin, der sich wie ein Mann verhält und wie ein Mann aussieht, steigen meine Chancen, einen Arbeitsplatz zu finden. Und nicht nur das: Es steigen auch meine Chancen, akzeptiert, geliebt, gemocht zu werden.

Eine ähnliche Erfahrung machte ich bei der Wohnungssuche. Als ich endlich eine Wohnung gefunden hatte, musste ich nur noch meine Gehaltsnachweise einreichen – das Problem: Auf denen stand noch mein alter Name. Obwohl mich meine Kolleginnen davon zu überzeugen versuchten, dass meine Angst unnötig und unbegründet sei, war ich überzeugt davon, die Wohnung nicht mehr zu bekommen, sobald meiner Vermieterin klar wurde, dass ich ein trans Mann bin. Meine ganz konkrete Angst war, dass sie angewidert und enttäuscht sein würde, sobald sie herausfände, wer ich wirklich bin. Menschen, die nie darüber nachdenken mussten, ob sie etwas an sich haben, was andere Menschen abstoßen könnte, können sich dieses Gefühl wahrscheinlich nur schwer vorstellen. Schließlich fand ich eine Lösung, indem ich meinen Chef bat, mir einen Gehaltsnachweis auf meinen neuen Namen auszustellen.

Doch war das im Rückblick wirklich richtig? Möchte ich meine wahre Identität verstecken müssen, um überhaupt die Chance auf einen Job und eine Wohnung zu haben? Nein, eigentlich nicht. Eigentlich möchte ich keinen Job und keine Wohnung, weil ich verschweige, wer ich wirklich bin. Ich möchte einen Job und eine Wohnung – als der Mensch, der ich bin. Als trans Mann.

Und das ist auch der Grund, warum ich mich nicht über mein unproblematisches Vorstellungsgespräch freuen konnte: Ich habe das Privileg, dass mein Passing stimmt und ich deshalb als Herr Giese akzeptiert werde. Aber was wäre gewesen, wenn ich mich dort eineinhalb Jahre vorher beworben hätte? Zu einem Zeitpunkt, als ich noch keine Hormone nahm, als es noch keine sichtbare Veränderung gab und als auf meinen Dokumenten noch überall ein anderer Name stand? Wäre ich da auch so einfach und unproblematisch als Herr Giese akzeptiert worden?

Ich denke oft drüber nach. In meinem Alltag trage ich nur ganz selten einen Binder. Ich habe das Glück, dass meine Brüste relativ klein sind und ich einen Kleidungsstil gefunden habe, mit dem es mir gelingt, sie halbwegs zu verdecken. Als ich kürzlich mit einer Bekannten in einem Café saß und sagte, dass ich meine Brüste gerne Menschen spenden würde, die damit wirklich etwas anfangen könnten, rief sie ganz entsetzt: Hast du die etwa irgendwo aufgehoben?

An dieser Stelle muss ich etwas gestehen: Immer wenn ich offizielle Auftritte habe – ob Fotoshootings, Fernsehauftritte oder als Redner auf einem Podium –, ziehe ich mir einen Binder an. Ich würde es sonst nicht ertragen, mich nachher auf Fotos und Aufzeichnungen anzusehen. Ich würde mich vor mir selbst ekeln und hätte Angst davor, dass Menschen mich sehen und denken: Der kann ja gar nicht trans sein, wenn er kein Problem mit seinen Brüsten hat.

Auf Twitter wurde mir mal gesagt, dass ich so lange eine Frau sei, bis meine «Umwandlung» komplett ist. Doch wann ist eine Umwandlung komplett? Und was bin ich, wenn ich niemals eine komplette Umwandlung möchte? Ein trans Mann? Eine Frau? Ein Zwischending? Ein Monster? Manchmal stehe ich vor dem

Spiegel, schaue mich an und befürchte, dass ich vielleicht wirklich ein Monster sein könnte. Ein Monster, dem auf der Brust schwarze Haare wachsen. Dieses Gefühl hat viel damit zu tun, dass es in der öffentlichen Wahrnehmung kaum andere Menschen gibt, die aussehen wie ich.

Die meisten trans Männer, die in der Öffentlichkeit stehen, haben keine Brüste mehr. Die meisten trans Frauen, die in der Öffentlichkeit stehen, haben keine Bartbehaarung mehr. Ich möchte keinen Job bekommen, weil ich die gesellschaftlichen Vorstellungen eines cis Mannes erfülle. Ich möchte, dass alle trans Menschen Jobs bekommen können, ob sie eine hohe oder eine tiefe Stimme haben, ob sie Brüste haben oder nicht, ob sie rasiert sind oder einen Vollbart tragen.

Ich wünsche mir, dass es in der Gesellschaft Verständnis und Empathie für (trans) Menschen gibt, die *gender non-confirming* sind. Mit diesem Begriff meine ich Menschen, die nicht den herkömmlichen cis Vorstellungen ihres Geschlechts entsprechen. Ich wünsche mir ein Bewusstsein dafür, dass niemand sich irgendwelchen Geschlechtsvorstellungen anpassen muss, um akzeptiert, gemocht oder geliebt zu werden. Niemand sollte sich irgendwelchen Geschlechtsvorstellungen anpassen, um einen Job oder eine Wohnung zu finden.

Auf Instagram folge ich Alok Vaid-Menon. Alok bezeichnet sich selbst als *gender non-conforming* und nutzt die Pronomen *they/them*. Dafür gibt es leider immer noch keine geläufige Entsprechung in der deutschen Sprache. Alok teilt online viele Fotos, auf denen *they* im Kleid zu sehen ist – mit Bart und Brustbehaarung. In den Kommentaren unter Aloks Fotos wird *they* als Monster und Schande beschimpft und immer wieder als Mann im Kleid bezeichnet.

Menschen, die sich ganz bewusst herkömmlichen Vorstellungen verweigern, werden von der Mehrheitsgesellschaft oftmals als

Bedrohung empfunden. Das Resultat dieser gefühlten Bedrohung ist dann Empörung, Aggression und Gewalt. Alok muss das nicht nur online ertragen, sondern auch offline – *they* berichtet immer wieder davon, angespuckt, beschimpft oder gar zur Belustigung gefilmt zu werden.

Manchmal fragen mich Menschen, warum ich mich öffentlich äußere, was eigentlich genau mein Anliegen ist. Die Antwort ist einfach: Ich möchte Geschlechtervorstellungen aufbrechen. Es gibt in unserer Gesellschaft immer noch bestimmte Vorstellungen davon, was unter Femininität und Maskulinität zu verstehen ist. Beides wird in unserem Sprachgebrauch als zwei gegensätzliche Pole gesehen, und auch von trans Menschen wird erwartet, sich in dieses System einzuordnen.

Ich möchte das gesellschaftliche Bewusstsein für den Raum zwischen diesen beiden Polen öffnen. Das ist eine Herausforderung, da wir dafür vieles unserer Sozialisation wieder verlernen müssen. So vieles von dem, was uns bereits als Kindern eingetrichtert wurde, muss wieder verlernt werden. Das beginnt schon bei der Tatsache, dass viele Kleinkinder mit bestimmten Geschlechtervorstellungen in Berührung kommen. Als ich mit einem vier Jahre alten Mädchen sprach, erzählte sie mir, dass sie die Farbe Rosa liebt – weil auch alle anderen Mädchen in ihrer Gruppe Rosa lieben. Mädchen, die gegen diese Geschlechtervorstellungen rebellieren (und zum Beispiel kurze Haare tragen oder Fußball spielen), sind viel akzeptierter als Jungen, die sich den typischen Stereotypen verweigern. Ich unterhielt mich einmal mit einer Mutter, deren Sohn gehänselt wurde, weil er im Kindergarten ein Kleid trug – nicht von den anderen Kindern, sondern vor allem von den anderen Eltern.

Es gibt eingeimpfte Grenzen, es gibt eingeimpfte Scham- und Schuldgefühle. Deshalb bin ich froh, dass es Menschen wie Alok Vaid-Menon gibt. Ich wünschte mir, es gäbe noch mehr

Menschen, die diese Pole aufweichen, näher zusammenrücken oder auch miteinander vermischen können. Es ist der Raum dazwischen, der so wichtig ist.

Als ich zum ersten Mal meinen Namen sagte, schlug mein Herz wie verrückt. Damit fing es an. Als ich zum ersten Mal in der Herrenabteilung einkaufte, schlug mein Herz wie verrückt. Damit ging es weiter. Als ich mir zum ersten Mal die Haare kurz schneiden ließ, schlug mein Herz wie verrückt. Als ich zum ersten Mal eine Spritze Testosteron bekam, schlug mein Herz wie verrückt. Es ist wie ein Computerspiel – ich komme Level für Level weiter. Bin ich bereits im letzten Level angekommen? Definitiv noch nicht. Ich glaube, meine Transition wird mein ganzes Leben lang dauern. Ich freue mich schon jetzt auf das nächste Level. Und das nächste. Und dann noch ein Level. Und noch ein Level. Irgendwo habe ich mal den passenden Satz «Queer sein ist endlos» gelesen – er stimmt: Queer sein ist endlos – trans sein ist endlos. Ich möchte mir kein Geschlecht erobern, ich möchte Männlichkeit komplett vernichten und mit meinen eigenen Vorstellungen, Wünschen und Bedürfnissen ersetzen.

Digitale Gewalt

Als ich eines Tages Ende Dezember meinen Twitter-Account öffnete, sah ich in meinen Benachrichtigungen plötzlich einen Tweet von jemandem, der sich «Das S.» nannte: «Hallo Mara meine Beste. Ich hab da mal ne frage. Als Frau hattest du sicher mal Oralsex. Betreibst du das weiterhin?» Wenige Minuten später erhielt ich eine private Nachricht von einem weiteren Twitter-Nutzer, der mich fragte, ob ich Interesse an einem «prächtigen Burschen» und seiner «Wünschelrute» hätte. Zusammen mit der Nachricht bekam ich ein eindeutiges Foto geschickt.

Ich hatte zu diesem Zeitpunkt noch keinerlei Erfahrung mit so etwas, das heißt, ich öffnete jede Nachricht und las mir alle Kommentare durch, weil ich damals noch glaubte, das tun zu müssen. Niemand hatte mich darauf vorbereitet, wie ich mit Hasskommentaren umgehen kann, darf und muss. Ich bewegte mich, als mir das passierte, fast täglich im Internet. Seit 2011 betrieb ich einen Bücherblog und war auf beinahe allen sozialen Medien aktiv. Doch mit Hass war ich in all der Zeit noch nie konfrontiert worden. Sieben Jahre lang dachte ich nicht eine Sekunde lang darüber nach, ob ich meine Anschrift in meinem Impressum besser nicht veröffentlichen sollte. Ich konnte mir nicht einmal vorstellen, dass Menschen Gründe dafür haben könnten, ihre Adresse schützen zu müssen. Oder auch sich selbst schützen zu müssen.

Ein halbes Jahr bevor das passierte, hatte ich bei einer Digitalkonferenz im Publikum gesessen – auf der Bühne lasen drei Menschen Hasskommentare vor. Es war eine kleine Auswahl aus den Kommentaren, die sie tagtäglich erhielten. Da saßen Tarik Tesfu (der schwul und Schwarz ist), Juna Grossmann (die im Internet über ihr Leben als Jüdin schreibt) und Lydia Meyer (die eine feministische Sendung auf YouTube produziert). Ich erinnere mich noch daran, wie fassungslos mich die menschenverachtenden und hasserfüllten Kommentare machten, die dort vorgelesen wurden. Und wie sicher ich mir war, dass dieser Hass mich selbst niemals treffen würde.

Ich irrte mich gewaltig – und komme mir im Rückblick unglaublich naiv vor. Als der Hass mich zum ersten Mal traf, empfand ich eine überwältigende Scham, weil wildfremde Männer mir sexuell konnotierte Tweets und Nachrichten schickten – und noch viel schlimmer: weil alle anderen diese Tweets auch lesen konnten. Ich glaubte, etwas falsch gemacht zu haben – ich hatte Angst, dass ich das, was mir gerade passierte, provoziert haben könnte. Trotz der Scham entschied ich mich dazu, einen Screenshot des Tweets von «Das S.» zu posten und meine Follower*innen dazu aufzurufen, den Nutzer zu melden und zu blockieren. Meine Hoffnung war, dass die Tweets wieder verschwanden und damit auch das Gefühl der Scham.

Doch danach ging es erst richtig los. In den folgenden Stunden bezeichneten mich Nutzer*innen als «Scheidenbub», nannten mich «Fotzenbengelchen» und beschimpften mich als «gottlose Hure». Ich saß auf meinem Bett, während ich all diese Nachrichten las, und konnte meine Tränen irgendwann nicht mehr zurückhalten. Wirklich bedroht fühlte ich mich, als «Das S.» damit begann, Fotos von mir zu twittern, angereichert mit eindeutigen Drohungen. Ein paar Minuten später entdeckte ich, dass derselbe Nutzer auf seinem Account auch die Anschrift meines Arbeitgebers veröffentlicht hatte – und seine Follower*innen dazu aufrief, dort anzurufen und nach meinem alten Namen zu fragen. All diese Informationen über mich konnten leicht herausgefunden werden, weil ich bis dahin nie einen Grund gehabt hatte, ein Geheimnis aus meinem Namen oder meinem Arbeitsort zu machen.

Doch dieses Privileg hatte ich mit meinem Coming-Out verloren.

Das war der Moment, in dem mir einerseits klar wurde, dass die Beschimpfungen eine Dimension erreichten, die ich nicht mehr einfach hinnehmen und ertragen wollte. Andererseits musste ich jedoch auch erkennen, dass mir das hier gerade passierte, weil ich mich dazu entschieden hatte, offen damit umzugehen, dass ich ein trans Mann bin. Ich entschied mich dafür, um andere an meinem Leben teilhaben zu lassen und gleichzeitig für das Thema zu sensibilisieren. Doch Offenheit macht auch verletzbar. Offenheit macht angreifbar: Und Fremde glauben, sie müssten nur nach meinem alten Namen recherchieren, mich als Frau bezeichnen oder das falsche Pronomen verwenden, um mich verletzen zu können.

Vier Stunden nach dem ersten Tweet von «Das S.» griff ich schließlich zum Telefon, um die Polizei einzuschalten. Was ich bis dahin nicht wusste: In Berlin gibt es einen speziellen Ansprechpartner für homo- und transfeindliche Hasskriminalität. Meine größte Angst war es, nicht ernst genommen zu werden – oder auf Polizist*innen zu treffen, die mir sagten, dass ich selbst schuld sei, oder mir empfahlen, meinen Twitter-Account zu löschen. Meine größte Angst war es auch, mit jemandem sprechen zu müssen, der keine Ahnung davon hatte, was es bedeutet, trans zu sein. Doch stattdessen wurde ich direkt mit einem Staatsanwalt verbunden, der mich darum bat, ihm alle Screenshots weiterzuleiten – und sich dafür entschuldigte, dass für das Aufnehmen einer Anzeige leider noch mein alter Name benötigt würde.

Am nächsten Tag musste ich wieder zur Arbeit – ich hatte die Spätschicht, das heißt, ich musste den Laden am Abend alleine zumachen. Der Gedanke daran bereitete mir so große Angst, dass ich mich am liebsten krankgemeldet hätte. Gleichzeitig wollte ich mich nicht beeindrucken lassen. Ich wollte mein Leben nicht einschränken. Ich wollte nicht, dass das, was diese Menschen tun, so einen Einfluss auf mein Leben nahm. Ich erzählte einer Freundin von meiner Angst, und sie traf Vorkehrungen dafür, dass ich während der Spätschicht nicht alleine war. Um 19 Uhr ging meine Kollegin, und für die letzten eineinhalb Stunden kamen Freund*innen von Freund*innen zu mir in den Buchladen, die ich noch nie zuvor gesehen hatte. Sie waren dort, damit ich nicht alleine sein musste. Diese Bereitschaft, mich zu unterstützen, machte mich ganz sprachlos vor Dankbarkeit. Das ist übrigens ein Zustand, der seit meinem Coming-out schon öfter eingetreten ist – trotz all dem Hass, den ich erlebe, geschieht mir auch immer wieder Wunderschönes, Überraschendes und Erstaunliches.

Ich schickte meiner Teamleiterin eine Nachricht mit einer Auswahl der Screenshots und bat um Unterstützung – ich dachte gar nicht darüber nach, ob mir so viel Offenheit schaden könnte. Ich arbeitete dort erst seit zwei Monaten, befand mich noch in der Probezeit – doch zu schweigen, war für mich keine Alternative. Falls wirklich jemand im Laden anrufen oder dort auftauchen sollte, machte ich es mir selbst leichter, wenn ich vorher darüber aufgeklärt hatte, dass so etwas vorkommen könnte.

Zwei Wochen später saß ich mit einem Freund in einem kleinen Vernehmungszimmer auf einem Polizeirevier, bei mir einen ganzen Stapel ausgedruckter Tweets. Zuerst hatte ich noch Hoffnung, doch aus den Anzeigen würde sich nichts ergeben, sie wurden allesamt ergebnislos eingestellt – trotzdem gab mir der Gang zur Polizei erst einmal ein Gefühl von Kontrolle zurück. In einem Zeitungsartikel schrieb ich über diesen Moment damals: «Plötzlich habe ich nicht mehr den Eindruck, den Beschimpfungen hilflos ausgesetzt zu sein, sondern mich zur Wehr setzen zu können. Und dabei auch noch ernst genommen zu werden.»

Doch es war vor allem eine Frage aus der Vernehmung mit der

Polizistin, die mich bis heute nicht loslässt: Die Polizistin wollte wissen, ob ich mir vorstellen könnte, wer hinter den Tweets steckt – ob es vielleicht eine persönliche Vorgeschichte gab, die diesen Ausbruch an Hass erklären könnte? Für mich klang das so, als müsste im Vorfeld etwas passiert sein, um so ein Verhalten zu rechtfertigen. Ich bin überzeugt davon, dass es nichts gibt, was solche Beschimpfungen rechtfertigt. Es gibt keine Vorgeschichte – diese Menschen haben mich beschimpft, weil ich ein trans Mann bin und damit aus allen gesellschaftlichen Normvorstellungen falle.

In den darauffolgenden Tagen begann ich zu recherchieren und stieß dabei auf den Begriff Sifftwitter. Ich erfuhr, dass die Menschen, die es auf Twitter auf mich abgesehen haben, auch als Sifftwitterer und Twitter-Trolle bezeichnet werden. Es ist wohl eine der schlimmsten Hasscommunitys im Internet: Dazu gehören Hunderte Accounts, die sich zusammentun, um unter anderem migrantische, behinderte, homosexuelle oder trans Menschen zu belästigen und zu beschimpfen – in der Hoffnung, sie damit aus dem Internet ekeln zu können. Oft haben sie damit Erfolg – viele Menschen, die ich in der Vergangenheit gerne gelesen habe, sind mittlerweile aus der Öffentlichkeit verschwunden. Ich bedauere das sehr.

Gleichzeitig kenne auch ich inzwischen den Zwiespalt: Wie viel Raum gebe ich diesen Menschen? Wenn Aufmerksamkeit eine ihrer Währungen ist, möchte ich ihnen eigentlich gar keine schenken. Das würde jedoch gleichzeitig bedeuten, mit dem, was ich aushalten muss, alleine bleiben zu müssen. Und das möchte ich auf gar keinen Fall. Es ist eine ständige Gratwanderung, wie viel Zeit und Energie ich diesen Menschen schenke.

Opfer von Sifftwitter sind dem Hass fast schutzlos ausgesetzt, da sie auf Twitter zwar die Möglichkeit haben, Nutzer*innen und Tweets zu melden, diese Meldungen aber in den seltensten Fällen zum Erfolg führen. In meinem Fall wurde «Das S.» mehr als hundertmal gemeldet, bevor Twitter ihn schließlich für sieben Tage sperrte. Seither las ich nie wieder etwas von ihm – und auch ein Großteil der Tweets über mich ist mittlerweile verschwunden.

Nachdem ich mich entschieden hatte, als Linus zu leben, habe ich online unbeschwert – und möglicherweise auch naiv – darüber geschrieben, was ich erlebe und was sich bei mir verändert. Ich habe zu Beginn Sachen von mir geteilt, die ich heute vielleicht nicht mehr teilen würde. Ich weiß nicht, ob das eine gute Entwicklung ist. Diese Leichtigkeit habe ich damals für immer verloren und denke seither vor jedem neuen Tweet darüber nach, ob ich das wirklich veröffentlichen möchte. Vieles von dem, was ich gerne sagen würde, landet mittlerweile in meinem Entwürfe-Ordner und findet niemals den Weg da raus.

In den ersten Tagen nach diesem Erlebnis hatte ich Angst, mich alleine an meinem Arbeitsplatz aufzuhalten. Ich ging nicht mehr ans Telefon, wenn mich eine unterdrückte Nummer anrief – und wechselte schließlich meine Handynummer. Insgesamt bin ich durch die Ereignisse damals dünnhäutiger geworden und fühle mich schneller angegriffen, verfolgt und in Frage gestellt.

Wenn ich danach mit Menschen sprach, die sich nicht im Internet bewegen und keine Ahnung von den sozialen Kanälen haben, kam immer wieder die Frage auf, warum ich denn auf Twitter bleiben möchte – oft auch mit dem Vorwurf verbunden, wieso ich dort überhaupt so persönliche Momente teilen muss. Frei nach dem Motto: «Wer sich nicht angreifbar macht, wird auch nicht angegriffen.» In den Wochen nachdem ich die ersten Hasskommentare erhalten hatte, habe ich mir oft ähnliche Fragen gestellt und dabei festgestellt, dass ich noch nicht bereit bin, mich aus dem Internet ekeln zu lassen.

Was mich damals weitermachen ließ, war vor allem ein Gedanke: Ich glaubte, dass ich das nicht nur für mich tue, sondern auch, weil ich eine Aufgabe habe. Ich habe als trans Mann im Internet die Möglichkeit, selbst sichtbar zu sein, doch auch Sichtbarkeit für ein wichtiges Thema zu schaffen. In einem Artikel für den *Tagesspiegel* schrieb ich damals: «Wenn es nur einem Menschen, der das Gefühl hat, alleine zu sein, hilft, meine Tweets zu lesen, dann möchte ich weiter an diesem Ort sein, und dann lohnt es sich für mich, dort weiter über mich und meine Identität zu sprechen.» Das war im Sommer 2019.

Wenn ich diesen Satz heute, fast ein Jahre später, lese, fühle ich mich traurig und beklommen. Ich wünschte, ich könnte das immer noch genauso laut und mit derselben Überzeugung behaupten. Doch das kann ich schon lange nicht mehr.

Im Dezember 2017 konnte ich mir noch nicht vorstellen, dass dieser Hass niemals wieder aufhören würde, doch er begleitet mich bis heute fast täglich – wie ein Rauschen im Hintergrund. Manchmal ist das Rauschen stärker, manchmal schwächer. Doch es verschwindet nie.

Seit mehr als zwei Jahren lese ich Dinge über mich im Netz, die andere wohl nicht einmal zehn Minuten ertragen könnten: Mir wird mit dem Tod gedroht oder damit, mich zu vergewaltigen. Ich werde beschimpft und verspottet. Die einen schreiben «Ob männlich, ob weiblich, einfach unbumsbar». Andere möchten mich an die Wand stellen und erschießen. Wahlweise möchten sie mich auch vergasen oder einfach nur auf die Nase boxen. Die besonders innovativen Trolle bezeichnen mich als Frau – oder nennen mich bei meinem alten Namen, um mich zu verletzen. All das ertrage ich mittlerweile mit Fassung. So schlimm es auch klingen muss: Ich habe mich an dieses Hintergrundrauschen gewöhnt.

Als die Anfeindungen begannen, sagten mir viele: «Nimm dir das nicht zu Herzen» oder «Lass das nicht an dich ran». Ich empfinde diese Ratschläge als zynisch. Würde ich mir all das, was ich über mich lesen muss, zu Herzen nehmen, würde ich schon lange nicht mehr morgens aufstehen können. Ich bin mir sicher, die meisten Menschen, die mir sagen: «Nimm dir das nicht zu Herzen», meinen das nett. Es ist aber ein Ratschlag, der mir nicht weiterhilft.

Der Hass bleibt mittlerweile nicht mehr auf das Internet beschränkt: Einmal wurde ein Oben-ohne-Foto von mir an meinen Arbeitgeber weitergeleitet, in der Hoffnung, mich damit bloßstellen zu können. Ich hatte es zuvor selbst auf Twitter gestellt, in dem Wissen, dass es dort natürlich auch Freund*innen oder Kolleg*innen sehen können. Doch dadurch, dass es an meinen Arbeitgeber geschickt wurde, wurde etwas Schmutziges daraus gemacht. Der Betreff der E-Mail lautete: «So sieht euer Mitarbeiter nackt aus.» Ein anderes Mal bekam ich ein Paket geschickt, in dem sich das Bild einer Erdbeere befand – einer der Accounts, die gegen mich hetzten, hatte lange Zeit eine Erdbeere als Profilbild. An einem anderen Tag kam ich morgens zur Arbeit, und am Schaufenster klebten Erdbeeraufkleber.

Ich tat in dieser Zeit all das, was gemeinhin geraten und empfohlen wird: Ich blockierte die Trolle und ignorierte den Hass. Ich holte mir Hilfe und Unterstützung bei einer Beratungsstelle: Ich wandte mich an HateAid, die Mitarbeiter*innen dort kennen sich mit Fällen wie meinem aus. Ich suchte mir eine Therapeutin, die auf das Thema Hass im Netz spezialisiert ist. Ich nahm mir eine Anwältin und erwirkte gegen eine besonders penetrante Internetnutzerin eine Unterlassungserklärung.

Ich wandte mich mehrmals an die Polizei, um Anzeige zu erstatten. Dort wurde mir geraten, Anzeige über die Internetwache zu stellen. Die Internetwache ist eine Art Onlineformular, um Straftaten zu melden – das gilt nicht nur für Straftaten, die im Netz stattfinden, dort können alle Vorkommnisse gemeldet werden, die als Straftat in Frage kommen. Die erste Frage dort ist: «Wo ist es passiert? Bitte geben Sie den Ort, die Straße und die Postleitzahl an.» Damit fängt es dann schon an, denn wo ist es passiert? Im Internet. Aha.

Natürlich gibt es auch nirgendwo ein Häkchen für Hass im Netz oder Stalking oder für «Es gibt Menschen, die mir Erdbeeren an meinen Arbeitsplatz bringen». Stattdessen könnte ich angeben, in welcher Straße mir mein Fahrrad geklaut wurde. Es gibt bei der Polizei überraschenderweise immer noch kaum Strukturen, um Menschen, die Opfer digitaler Gewalt werden, zu schützen.

Das merkte ich auch, als ich im Mai 2019 an zwei Tagen im Buchladen Besuch von diesen sogenannten Trollen bekam. Sie sprachen mich mit meinem alten, abgelegten Namen, dem Deadname, an. Einer der beiden filmte mich mit seinem Handy, während er mich laut rufend als Frau Giese bezeichnete. Sie wollten eine Reaktion von mir provozieren, doch sie bekamen keine. Meine Kollegin warf den Mann raus und erteilte Hausverbot.

Mit all der Zeit, die seitdem vergangen ist, bin ich in der Lage, diesen Vorfall so nüchtern aufzuschreiben. In der damaligen Situation jedoch fühlte ich mich vollkommen überfordert. Ich weiß noch, dass ich auf meinem Stuhl an der Kasse saß und mich gerade im Gespräch mit meiner Kollegin befand, als dieser Mann die Tür öffnete und im Eingangsbereich stehen blieb, weil er nicht einmal den Mut aufbrachte, den Buchladen zu betreten. Er filmte mich von dort mit seinem Handy. Als alles vorbei war, ging ich nach hinten in unseren Teamraum. Ich rief Jasmin an. Ich hatte sie schon zwei Tage zuvor angerufen, als das erste Mal jemand im Buchladen gewesen war und mich mit meinem alten Namen angesprochen hatte. Als sie ans Telefon ging, weinte ich so sehr, dass ich nicht sprechen konnte. Ich werde ihr für immer dankbar sein, dass sie sofort kam und mich nach Hause brachte.

Danach war ich erst einmal durcheinander: Einerseits war ich schockiert darüber, dass mir das gerade passiert war – andererseits fand ich diesen übergriffigen Auftritt auch seltsam hilflos.

Warum tun Menschen so etwas? Was ist ihre Motivation? Soll ich eingeschüchtert werden? Möchte man mich verunsichern? Geht es um Macht? Ist das psychische Gewalt? Oder Stalking?

In den folgenden Wochen hatte ich Angst, vor oder nach der Arbeit abgefangen oder angegriffen zu werden. Ich ließ mich von meiner Ärztin krankschreiben, weil ich mir erst einmal nicht vorstellen konnte, an meinen Arbeitsplatz zurückzukehren. Ich saß ihr gegenüber – neben ihr saß ein junger Student, der dem Gespräch beiwohnte – und berichtete weinend davon, was mir passiert war. Beide nickten schockiert – doch auch verständnisvoll. Von meinen Kolleginnen erfuhr ich später, dass einer der beiden Männer am nächsten Tag wiedergekommen war – sie schickten ihn wieder weg.

Das Video des Vorfalls tauchte Wochen später auf Twitter auf. Von meinem Arbeitgeber und meinen Kolleg*innen erfuhr ich währenddessen die volle Unterstützung: Mein Chef ließ sogar eine Kamera installieren, um den Laden zukünftig überwachen zu können – alle Mitarbeiter*innen waren schockiert darüber, dass diese Menschen ihre Lebenszeit damit verbringen, mir auf diese Art und Weise schaden zu wollen.

Doch trotz der Unterstützung beschloss ich irgendwann, meinen Arbeitsplatz zu kündigen: Ich fühlte mich dort einfach nicht mehr wohl und sicher. Bei allen Kund*innen, die in den darauffolgenden Wochen in den Buchladen kamen und eine Schale Erdbeeren dabeihatten, bekam ich Angst. Es war Sommer, es kamen sehr viele Menschen mit einer Schale Erdbeeren. Eine Schale blieb eines Tages auf der Theke stehen. Ich fing an zu zittern und spürte diesen leichten Anflug von Panik. Ein paar Minuten später rief eine freundliche Kundin an und fragte, ob sie ihre Erdbeeren bei uns vergessen habe. Der Ort, der eineinhalb Jahre eine Art zweites Zuhause für mich gewesen war, fühlte sich plötzlich unsicher und bedrohlich an. Ich musste mir damals immer wieder selbst sagen, dass meine Kündigung keine Niederlage war. Im Gegenteil: Ich holte mir mit diesem Schritt ein Stück Lebensqualität zurück, weil ich diesen Menschen einen Ort nahm, an dem sie mich finden konnten.

Als ich mich 2017 als trans Mann outete und begann, öffentlich darüber zu sprechen, hatte ich mir nicht vorstellen können, dass das ausreichen würde, Hass auf mich zu ziehen. Ich hatte immer geglaubt, dass alle, die sich nicht für meine Inhalte interessieren, doch einfach weiterscrollen oder mir entfolgen könnten. Warum fühlen sich Menschen durch meine Existenz provoziert? Oder herausgefordert?

Auf meinem Twitter-Kanal schreibe ich darüber, dass ich ein Mann bin – mit Brüsten und einer Vagina. Ich empfehle Bücher, die Eltern und Kindern helfen können, vor denen ein ähnlicher Weg liegt. Ich veröffentliche Artikel, sitze auf Podien, spreche im Radio und schreibe gerade das Buch, das ihr jetzt in den Händen habt. Ich werde gehört, gesehen, verstanden.

Es hat lange gedauert, bis ich begreifen konnte, dass ich nicht provoziere, nichts falsch mache. Es liegt nicht an mir, meinem Ton oder meiner Lautstärke. Ich stehe als Symbol für eine Entwicklung, die gerade stattfindet: Ich breche Geschlechtervorstellungen auf – schon allein dadurch, dass ich Sätze sage wie: *Auch Männer können schwanger werden. Auch Männer können ihre Tage bekommen. Es gibt auch Männer, die eine Vagina haben.* Ich glaube, dass es vielen Menschen Angst macht, wenn festgefahrene Vorstellungen aufgebrochen werden.

Ich weiß, dass das, was ich mache, wichtig ist. Der Hass beweist mir auch, dass ich anscheinend manchmal die richtigen Themen anspreche und meinen Finger in offene Wunden lege – es ist wichtig, dass Menschen wie ich da sind und sichtbar bleiben.

Als ich im letzten Sommer für ein Gruppeninterview bei einer großen deutschen Wochenzeitung eingeladen war, war ich der

Einzige der sechs Teilnehmer*innen, der damit einverstanden war, dass das Interview mit einem Foto von mir und meinem Klarnamen veröffentlicht wurde. Ich finde das erschreckend – die anderen Teilnehmer*innen waren schwul oder lesbisch und wollten aus Angst vor Diskriminierung anonym bleiben. Ihre Ängste waren ganz unterschiedlich: Eine Teilnehmerin fürchtete, ihren Job zu verlieren – ein anderer Teilnehmer war noch nicht bei seiner Familie geoutet.

Die Angst queerer Menschen, im Internet sichtbar zu sein, Angst vor Kolleg*innen oder der eigenen Familie: Oft habe ich den Eindruck, viele Menschen denken, dass das Leben für LGBTQ-Menschen heutzutage doch kein Problem mehr sei. Wir haben doch den Christopher Street Day und die Ehe für alle – stellt euch doch nicht so an und fühlt euch ständig diskriminiert!

Doch die Realität sieht immer noch anders aus. Auch 2020 ist es keine Selbstverständlichkeit, sichtbar zu sein und laut zu sagen: Ich bin schwul, lesbisch, bisexuell, nichtbinär oder trans. Ich habe sogar das Gefühl, dass das gerade im Internet immer schwieriger wird. Anfang des vergangenen Jahres wurde eine Studie veröffentlicht, laut der 90 Prozent der queeren Jugendlichen im Internet diskriminiert werden.

Wenn ich von dem erzähle, was mir in den sozialen Netzwerken passiert, ist eine der häufigsten Reaktionen: Dann melde dich doch ab! So ähnlich lautete lange auch das Fazit der Polizei: Wer sich in die Öffentlichkeit begibt, der muss mit Reaktionen rechnen.

Doch stimmt das wirklich? Natürlich muss ich damit rechnen, dass mich nicht alle mögen und dass auch nicht alle toll finden, was ich mache. Doch muss ich tatsächlich damit rechnen, dass Menschen meinen Arbeitsplatz aufsuchen? Ist das ein Risiko, das alle Menschen einkalkulieren müssen, die sich öffentlich äußern? Machen wir es uns damit nicht zu leicht?

In den vergangenen Jahren wurde das Thema Hass im Netz immer präsenter in den Medien. Es gab Artikel, Dokumentationen oder die von Jan Böhmermann initiierte Aktion *Reconquista Internet*.

Was mir oft zu kurz kommt: Ich wünschte, wir würden nicht mehr nur verharmlosend von diesem sogenannten «Hass im Netz» sprechen, sondern ganz grundsätzlich von «Hass»: Die Menschen, die mir den Tod wünschen, hören nicht auf zu hassen, weil wir ihnen die Tastatur wegnehmen – ich habe selbst noch keine guten Begriffsalternativen gefunden, aber wenn wir von «Hass im Netz» oder «digitaler Gewalt» sprechen, laufen wir Gefahr, das Ausmaß dessen, was viele Betroffene erleiden müssen, zu verharmlosen.

Was ich mir wünsche, ist, dass Menschen erkennen, dass ein Teil unserer Gesellschaft ein großes Problem mit Minderheiten hat, die laut und sichtbar sind. Ich musste meine Arbeit kündigen, und es kostet mich Zeit, Geld und Kraft, auch weiterhin im Netz aktiv sein zu können. Und: Ich bin selbstverständlich kein tragischer Einzelfall. Marginalisierte Menschen gehören zu den häufigsten Opfern von dieser Form der digitalen Gewalt. Sie werden auf Onlineplattformen beschimpft, bedroht, gesperrt und zum Schweigen gebracht. Viele von ihnen trauen sich nicht (oder nicht mehr), unter ihrem Klarnamen aktiv zu sein. Wer es dennoch ist, gefährdet seine berufliche Karriere, seine psychische Gesundheit und die Freiheit, sich online mitzuteilen.

Ich bin mir bewusst, wie privilegiert ich bin: Mein Arbeitgeber hat mich unterstützt, und ich besitze die finanziellen Ressourcen, mir eine Anwältin zu nehmen. Ich habe gekündigt und einen neuen Job gefunden – während viele es sich nicht erlauben können zu kündigen oder Sorge haben, danach keinen Job mehr finden zu können. Viele, denen etwas Ähnliches passiert, haben Angst, zur Polizei zu gehen. Viele können sich keine anwaltliche Hilfe leisten oder verfügen nicht über die Mittel und Wege, sich Beratung oder

Unterstützung zu suchen. Diese Menschen verstummen und verschwinden, oder sie gehen irgendwann an dem kaputt, was sie im Internet über sich lesen müssen, und an den Folgen, die das für ihr reales Leben hat.

All das, was ich in den letzten zwei Jahren erleben musste, könnte Grund genug sein, mich endgültig von Twitter abzumelden, den Computer herunterzufahren und das Telefon auszuschalten. Wozu mache ich das eigentlich noch? In einem Artikel für den *Tagesspiegel* schrieb ich: «Ich glaube, dass ich wichtige Bildungs- und Aufklärungsarbeit leiste. Doch ich merke auch, dass sich Pionierarbeit manchmal unheimlich einsam anfühlen kann.»

Wenn das Zuhause nicht mehr sicher ist

Es war ein Mittwoch Ende Oktober, ich arbeitete seit ein paar Wochen in einem neuen Buchladen. Zur Mittagszeit verließ ich meine Wohnung, weil ich an dem Tag Spätschicht hatte. Unten im Treppenhaus fiel mein Blick zufällig auf die Briefkästen, die sich rechts neben der Eingangstür befinden. Ich entdeckte, dass auf ihnen ein Schild lag, auf dem eine Erdbeere abgedruckt war – daneben stand: «Frau Giese – was ist denn jetzt mit dem Euro?»

Mir wurde sofort schlecht. Alles in meinem Bauch verknotete sich. Ich schloss meinen Briefkasten auf, um zu schauen, ob sich darin auch etwas befand. Dort entdeckte ich weitere dieser Schilder. Dabei stellte ich fest, dass mein Briefkastenschild überklebt worden war – mit meinem alten Namen. Ich öffnete die Haustür und sah, dass auch mein Klingelschild überklebt wurde. Überall klebte mein alter Name.

Das Schlimmste in diesem Moment war die Erkenntnis, dass die Menschen, die erst ein paar Wochen vorher bei mir im Buchladen gewesen waren, nun auch wussten, wo ich wohne. Aber woher? Ich hatte keine Ahnung. Eigentlich wusste ich nicht einmal, wer genau dahinterstecken konnte. Waren es mehrere? Oder war es nur eine Person? Warum der ganze Aufwand? Mit welchem Ziel? Ich wusste es nicht.

Ich rief Jasmin an, mit der ich bis vor ein paar Wochen noch zusammengewohnt hatte. Sie war die Erste, der ich davon erzählen wollte. Das Schwierigste bei dem, was mir passiert, ist, anderen Menschen verständlich zu machen, wie belastend und anstrengend das ist. Doch Jasmin muss ich nie viel erklären.

Als zum ersten Mal jemand in den Buchladen kam und eine

Schale Erdbeeren für mich abgab, sagten viele noch: «Ach, wie nett – vielleicht ist das ja eine Entschuldigung oder ein Friedensangebot.» Über so viel Naivität und Gutgläubigkeit konnte ich schon damals nur verzweifelt lachen.

Die Erdbeeren sind kein Friedensangebot, sondern ein Symbol, sie senden eine Botschaft, so etwas wie: Wir sind hier und wissen, wo du bist. Das zweite Symbol ist der Euro.

Im Sommer 2018 riefen zwei Freundinnen von mir eine Spendenaktion für mich ins Leben, um Geld für einen Rechtsanwalt zu sammeln. Ich entschied mich dann jedoch dazu, mir keinen Anwalt zu nehmen, sondern eine Supervision bei einer Therapeutin zu machen, die auf Hass im Netz spezialisiert ist. Mein Gedanke dahinter war, dass ich mich mit diesen Menschen beschäftige, wenn ich Geld für einen Anwalt ausgebe – bei einer Therapie würde ich mich auch mit ihnen beschäftigen, doch mit dem Ziel, dass es mir irgendwann bessergeht.

Alle Spender*innen wurden damals darüber informiert, dass sich der Verwendungszweck der Spende geändert hatte – verbunden mit dem Hinweis, dass sie das gespendete Geld zurückbekämen, wenn sie damit nicht einverstanden waren. Einer dieser Trolle spendete einen Euro – ihm wurde mehrmals angeboten, dass er das Geld zurückbekommt, wenn er uns seinen Namen und seine Bankdaten gibt. Das lehnte er aus nachvollziehbaren Gründen ab. Seitdem tauchte regelmäßig die Frage nach diesem Euro auf.

Nachdem ich das Schild entdeckte, kamen in den folgenden Wochen weitere Briefe und Postkarten bei mir an. Darunter ein Blatt Papier, auf dem mit Kinderbuntstift eine 1-Euro-Münze gemalt war. Irgendwann war jeder Gang zum Briefkasten mit dem Wunsch verbunden, an diesem Tag bitte nichts darin finden zu müssen.

In solchen Momenten hasse ich es, wie mein Gehirn tickt. Es hängt sich an Gedanken auf und spielt diese in Endlosschleife ab.

Als säße ich in meiner eigenen Kinovorstellung. Die möglichen Szenarien werden in meinem Kopf immer größer, bedrohlicher, gefährlicher: Brauche ich Pfefferspray? Hilft es, eine Taschenlampe bei mir zu tragen? Finde ich heute etwas im Briefkasten? Steht jemand vor der Tür? Lauert mir jemand auf? Gibt es eine Schießerei? (Natürlich ist das Quatsch, aber ich hätte auch vieles andere, was mir widerfahren ist, vor einiger Zeit noch als unmöglich abgetan …) Werde ich jemals wieder sicher sein? Wie wird mein zukünftiges Leben aussehen?

Die Gedanken werden so schnell abgespielt, dass sie irgendwann meinen ganzen Kopf ausfüllen und ich nicht mehr denken, oder atmen, oder das Leben ertragen kann.

Ein paar Wochen lang hatte ich das Gefühl, den Verstand zu verlieren. Ich ließ alle meine Lampen brennen, während ich schlief. Oft kam ich erst morgens zur Ruhe oder blieb einfach die ganze Nacht lang wach. Ich bekam im ganzen Gesicht entzündete Pusteln, die ich nur notdürftig abdecken konnte. Ich entschuldigte mich überall dafür und erklärte die Pickel mit meiner zweiten Pubertät. Erschöpfung wurde ein Dauerzustand. Irgendwann wusste ich gar nicht mehr, wie es sich anfühlt, nicht erschöpft zu sein.

Ich wünschte mir plötzlich ständig, es wäre jemand da, der auf mich aufpassen, für mich kochen, mich im Arm halten würde. Ich fürchtete, bedürftig und unselbständig zu werden. Ich hatte Angst vor dieser Angst, die mich so sehr lähmte. Ich war besorgt, mich selbst zu verlieren.

Um ein bisschen Abstand zu bekommen, fuhr ich raus aus Berlin. Ein Haus in Baden-Württemberg wurde zu meinem Rückzugsort. Tagelang saß ich dort allein an einem Schreibtisch und fand endlich wieder die Ruhe, um zu schreiben, zu atmen, zu denken. Abends verriet mir der Schrittzähler meines Handys, dass ich an den meisten Tagen nicht mehr als zwanzig Schritte gelaufen war. Ich lag. Ich las. Ich schrieb. Ich aß. Die Entschleunigung und

Zurückgezogenheit taten mir gut. Endlich ging es mir wieder besser. Während ich dort war, fragte ich mich, ob ich überreagiert hatte: Menschen wussten nun, wo ich wohne – war das wirklich so schlimm? Musste ich mich wirklich bedroht oder eingeschüchtert fühlen?

Einen Tag nach meiner Rückkehr nach Berlin klingelte es abends um neun Uhr bei mir an der Tür. Ich lag auf dem Bett und war entspannt. Ich erwartete keinen Besuch und dachte: *Lass doch ruhig jemanden unten an der Haustür klingeln, das stört mich nicht.* Doch kurz darauf klingelte es nicht nur, es klopfte auch. In diesem Moment begriff ich, dass jemand direkt vor meiner Wohnungstür stand. Gerade hatte ich noch darüber nachgedacht, meinen Abend gleich in der Badewanne ausklingen zu lassen – jetzt schlug mir mein Herz plötzlich bis zum Hals.

Ich warf einen Blick durch den Spion und sah einen Mann, der mir vollkommen unbekannt war. Was wollte der von mir? Ich rief die Polizei an, ich bat zwei Freunde, die in der Nähe wohnten, bei mir vorbeizuschauen. Ich rief Jasmin an, obwohl sie 400 Kilometer entfernt war, und sie blieb die ganze Zeit lang mit mir am Telefon, während ich in meiner Küche auf dem Fußboden saß und abwartete.

Der Mann harrte fast vierzig Minuten vor meiner Tür aus, während er die ganze Zeit klingelte und klopfte. Die Polizei kam nicht, obwohl ich dreimal anrief. Sie schätzten die Lage nicht als bedrohlich ein. Zum ersten Mal in meinem Leben verstand ich, wie allein gelassen sich viele Stalking-Opfer fühlen mussten. Vieles wird einem leider erst klar, wenn man es selbst erlebt.

Irgendwann war der Typ weg. Irgendwann waren auch meine Freunde endlich da. Irgendwann bekam ich wieder Luft. Irgendwann fiel die Panik wie eine zentnerschwere Last von mir ab. Doch ich war auch eingeschüchtert und konnte mir erst einmal nicht vorstellen, in meiner Wohnung zu bleiben.

Für ein paar Tage zog ich zu Tim. Wir hatten uns über Twitter kennengelernt, irgendwann kam er bei mir im Buchladen vorbei – seitdem treffen wir uns regelmäßig. Tim hatte ein Zimmer in einer Wohngemeinschaft in Kreuzberg, viel Platz hatten wir nicht. Nachts lagen wir nebeneinander in seinem Bett. Irgendetwas stimmte mit der Heizung nicht. Obwohl sie ausgeschaltet war, wurde sie nachts unglaublich warm. Wir lagen nebeneinander und strampelten die Decken weg. Das Bett war wie ein warmes Nest.

Zum ersten Mal seit mehr als zwei Jahren schlief ich wieder neben einem anderen Menschen ein. Zum ersten Mal seit mehr als zwei Jahren war jemand da, wenn ich nachts mit klopfendem Herzen aufwachte. Wir saßen nebeneinander im Bett und schauten uns Fotoalben an. Wir lagen Seite an Seite im Bett und lasen uns gegenseitig Tweets vor. Ich erzählte, dass ein Typ wollte, dass ich mir vor unserem Date den Bart abrasierte – Tim rollte mit den Augen und sagte: «Ja, okay – dann ciao.» Ich musste laut lachen und wusste, was ich sagen würde, falls mich noch einmal jemand darum bitten sollte. Wir machten abends eine Waschmaschine an und trauten uns dann beide nicht mehr in den dunklen Keller, um die Wäsche in den Trockner zu legen. Morgens schlich ich mich auf Zehenspitzen aus dem Zimmer, um zur Arbeit zu gehen – und ließ Tim schlafend zurück. Es gab nichts, was ich Tim nicht fragen konnte. Ich empfand keine Scham, wenn ich abends mit unbekleideten Beinen ins Bett kroch. Tim war weich und warm.

Während der gemeinsamen Zeit wurde mir schmerzhaft bewusst, wie sehr mir diese Art der Nähe, der Wärme, des Nichtalleinseins gefehlt hatte. «Mein Zuhause ist auch dein Zuhause», sagte Tim, als ich mit meinen Sachen vor seiner Tür stand. Als ich wieder auszog, sagte er: «Lass deine Zahnbürste ruhig hier, falls du mal spontan bei mir übernachten möchtest.» Mein Herz pochte, aber diesmal nicht vor Angst, sondern vor lauter Glück und Wärme.

Danach zog ich weiter in die Wohnung einer Freundin, die das Wochenende bei ihrer Familie in Bayern verbrachte. Ich lag Stunde um Stunde auf ihrem Sofa, schaute Serien, las Bücher und stand abends lange unter der Regenwalddusche. Als ich einer befreundeten Autorin am Telefon von dem erzählte, was mir gerade passierte, riet sie mir, den Blick auf das Positive zu richten: «Sieh es nicht als eine Flucht, Linus – versuche es als eine kurze Pause zu sehen, mach dir eine nette Zeit: Chill bei deinen Freund*innen und trinke ein bisschen Rotwein.»

Ich trinke keinen Alkohol, aber ich versuchte trotzdem, mir diese Worte zu Herzen zu nehmen. An einem Abend kam eine Freundin vorbei, und wir saßen zusammen auf dem Sofa, tranken Tee und aßen Toffifees.

Nach dem Wochenende packte ich meine Sachen zusammen und bezog die Wohnung einer Bekannten, die zwei Wochen im Urlaub war. Ein glücklicher Zufall. Wir kannten uns aus dem Netz und waren uns ein paarmal im analogen Leben begegnet. Trotzdem stellte sie mir sofort den Schlüssel zur Verfügung und überließ mir ihre Wohnung. Bei dem Gedanken an all das Wohlwollen und all die Hilfsbereitschaft, die mich in dieser Zeit umgaben, wird mir manchmal ganz schlecht vor lauter Dankbarkeit.

Die meisten der Menschen, die mir damals halfen, kannte ich zwei Jahre zuvor noch nicht. Ich hatte nie viele Freund*innen: Mein Netzwerk, mein Umfeld und mein Sozialleben habe ich mir erst nach meinem Coming-out und meinem Umzug nach Berlin aufbauen können. Und jetzt musste ich gezwungenermaßen erproben, wie stabil dieses Netzwerk ist.

Doch warum erzähle ich das überhaupt? Ich könnte ganze Aufsätze über die Menschen schreiben, die Mobbing zu einem Event machen und denen ein Samstagabend im November nicht zu schade dafür ist, vierzig Minuten vor meiner Wohnungstür rumzustehen. Viele, denen ich davon erzähle, meinen dann: «Was müssen diese Menschen für ein langweiliges Leben haben!» Doch ich fürchte, dass wir es uns damit zu einfach machen. Ist Langeweile wirklich der Nährboden für Mobbing, Hass und Gewalt? Werden alle Menschen, denen langweilig ist, zu hasserfüllten Mobbern? Wohl kaum. Der Punkt jedoch ist: Ich möchte es auch gar nicht wissen. Ich möchte diesen Menschen so wenig Zeit und Aufmerksamkeit widmen wie möglich.

«Die Frage lautet nicht, überlebst du das, sondern, welche Wunder erwarten dich noch?», schreibt Chanel Miller in ihrem Buch *Ich habe einen Namen*. Und weiter: «Gutes und Schlechtes kommen Hand in Hand aus dem Universum zu uns. Warte auf das Gute.» Schon okay, ich kann mir vorstellen, was manche jetzt denken mögen: «Das klingt aber ganz schön kitschig, Linus.» Vielleicht ist es das tatsächlich. Vielleicht ist es nicht nur kitschig, sondern auch esoterisch. Dennoch: Solche Sätze helfen mir. Es hilft mir, nicht nur zu sehen, was mir Schlimmes und Bedrohliches geschieht, sondern den Fokus darauf zu legen, welchen kleineren und größeren Wundern ich auf meinem Weg zuverlässig begegne.

Tim ist ein solches Wunder. Die Nächte, die wir Seite an Seite im Bett lagen, mit der glühenden Heizung neben uns, waren auch ein Wunder. Es gab in dieser Zeit viele solcher kleiner Wunder. Ich denke an den Moment, als ich versuchte, meine Therapeutin anzurufen und sie sich per SMS aus ihrem Kurzurlaub meldete, um mir beizustehen. Ich denke an die Bekannte, deren leere Wohnung ich zwei Wochen hüten durfte. Ich denke an ihren Bekannten, bei dem ich den Schlüssel abholte. Er schenkte mir erst einmal ein Glas Wasser ein und sicherte mir dann seine volle Unterstützung zu. Ein Mensch, den ich zuvor noch nie gesehen habe, saß mir plötzlich gegenüber und sagte: «Linus, ich stehe auf deiner Seite. Melde dich, wenn du Hilfe brauchen solltest.»

Während ich das hier schreibe, fällt mir Amanda Palmer ein, die in ihrem Buch *The Art of Asking* schreibt: «Beinahe jeder menschliche Kontakt läuft am Ende auf den Akt und die Kunst des Bittens hinaus. Das Bitten an sich IST der fundamentale Baustein jeder Beziehung. Fortwährend und meist indirekt, oftmals ohne Worte, BITTEN wir uns gegenseitig um etwas – unsere Chefs, unsere Partner, unsere Freunde –, damit wir die jeweilige Beziehung aufbauen und aufrechterhalten können.»

Ich musste erst lernen, um Hilfe zu bitten. Jetzt bitte ich um Hilfe, und plötzlich treten Menschen in mein Leben, die mir helfen wollen, anscheinend ohne dabei eine Gegenleistung zu erwarten.

Es gibt noch eine Textstelle in *Ich habe einen Namen*, die ich nie vergessen werde. Chanel Miller erzählt darin von einem gemeinsamen Tauchurlaub mit ihrem Freund Lucas. Jedes Tauchgerät hat einen zweiten Atemregler, durch den im Notfall der Tauchpartner atmen kann – den sogenannten Oktopus. Der Tauchlehrer fordert Chanel Miller und ihren Freund dazu auf, einen solchen Notfall zu simulieren: Beide tauchen zusammen in einem Schwimmbecken, Chanel Miller signalisiert, dass sie Atemnot hat – und Lucas schwimmt zu seiner Freundin und gibt ihr seinen Oktopus. Sie legt den Oktopus an und kann endlich wieder atmen. Als ich das las, strömten mir die Tränen die Wangen hinab, und ich wusste erst gar nicht genau warum. «Wir hockten auf dem Boden des Beckens und atmeten aus einer einzigen Metalllunge. Plötzlich wurden meine Augen heiß, alles verschwamm hinter den Tränen, und mein Brustkorb zog sich zusammen. Genau so haben sich die letzten Monate angefühlt, dachte ich.»

Ich musste erst lernen, um Hilfe zu bitten. Ich habe oft eine lähmende Angst davor, anderen zur Last zu fallen. Wie finde ich heraus, ob ich für andere Menschen eine Belastung bin? Um wie viel darf ich bitten? Was steht mir zu? Was ist zu viel? Ich habe Angst davor, dass ich die Geduld und Hilfsbereitschaft anderer überstrapaziere. Ich habe Angst davor, stehengelassen zu werden.

Ich habe Angst davor, anderen Menschen in die Augen zu sehen und zu sagen: «Ich kriege keine Luft mehr. Bitte gib mir deinen Oktopus.»

Was mir zu dieser Zeit außerdem klar wurde, war die Tatsache, dass ich mich auch schämte. Die Scham machte mich manchmal ganz sprachlos. Ich schämte mich für das, was mir passierte. Ich schämte mich dafür, dass sie sich mich ausgesucht hatten. Warum ich? Warum traf es mich? Was machte ich falsch? Was hatte ich falsch gemacht? Was hätte ich anders machen können? Warum ich, warum ich, warum ich? Ich schämte mich, weil ich mich schuldig fühlte.

Vor lauter Scham hörte ich auf, mit den meisten Menschen darüber zu sprechen, was mir passierte. Viele glaubten, dass ich gerade an meinem Buch schrieb. Sie wussten aber nicht, dass ich das an einem fremden Schreibtisch und in einer fremden Wohnung tun musste, weil ich Angst davor hatte, in meiner eigenen Wohnung zu übernachten. Die Scham machte mich sprachlos und einsam.

Ein Großteil der Scham lag darin begründet, wie Freund*innen und Bekannte in diesen Monaten darauf reagierten, wenn ich von Hass im Netz berichtete. Viele von ihnen gaben mir die Schuld – das sah ich in ihren Blicken und las ich aus ihren Worten. Warum meldest du dich nicht ab? Warum musst du so etwas posten? Warum kannst du nicht leiser sein? Unauffälliger? Angepasster? Freundlicher? Ich finde solche Reaktionen seltsam. Würde man mich, wenn ich überfallen werde, auch fragen, warum ich ausgerechnet dorthin gegangen bin? Warum ich kein Taxi genommen habe? Warum ich so spät abends überhaupt noch unterwegs bin? Das ist eine Täter-Opfer-Umkehr, die mich oft müde und ratlos macht.

Als das alles passierte, arbeitete ich seit zwei Monaten an meinem neuen Arbeitsplatz. Ich wollte alles dafür tun, dass niemand herausfindet, wo ich angestellt bin. Es kostete mich Kraft und Überwindung, meiner Kollegin zu erzählen, was mir gerade passierte. Ich wollte sie vorwarnen, falls diese Menschen doch noch meine Arbeitsadresse herausfänden. Sie erzählte es allen anderen Kolleginnen. Ich spürte Solidarität, aber auch Angst. Als ich das nächste Mal zur Arbeit kam, schluckte ich alle Tränen hinunter, ich schluckte Scham und Schuld hinunter, ich schluckte all die Fragen hinunter: *Seid ihr sauer? Gebt ihr mir die Schuld? Muss ich mich schämen? Bin ich eine Last?* Zu meiner Kollegin sagte ich: «Es bedeutet mir viel, zu wissen, dass du auf meiner Seite stehst.» Sie fragte mich, ob das wirklich so sei, und ich antwortete ihr: «Wäre es umgekehrt nicht viel schlimmer?»

Diese Erkenntnis kam mir während einer Sitzung bei meiner Therapeutin. Ich hatte mich immer wieder in den Zug gesetzt, um zu ihr nach Potsdam zu fahren und ihr von den schlimmsten Kommentaren zu erzählen, die ich erhalte. Ich las sie ihr vor. Ich suchte ihr die schmerzhaftesten und entwürdigendsten Kommentare heraus. Ich beklagte mich bei ihr, wie schwer es war, diese Worte von dem zu trennen, was ich bin und was mich ausmacht. Sie fragte mich, ob mir so etwas schon einmal jemand ins Gesicht gesagt habe. Ich dachte darüber nach und musste feststellen: Nicht ein einziges Mal war ich auf diese Art und Weise auf der Straße oder an meinem Arbeitsplatz beschimpft worden. Diese Worte gehören zu völlig fremden Menschen, die kein Teil meines Lebens sind und keine Macht über mich haben.

Die Menschen, die ein Teil meines Lebens sind, werfen mir solche Worte nicht an den Kopf. Diese Erkenntnis half mir schließlich dabei, das, was ich lesen muss, nicht zu nah an mich heranzulassen. Ich möchte niemals vergessen, dass meine Kollegin «Ich stehe auf deiner Seite» sagt, und im Gegenzug möchte ich jemandem, der mich als «ekelhafte Transe» beschimpft, erst gar keinen Platz in meinem Leben geben.

An diesem Punkt geht es bei mir schon lange nicht mehr um Hass im Netz, es geht um Hass. Es gibt keine Sprache, um über das, was mir passiert, zu sprechen. Das fängt schon bei der Tatsache an, dass ich oft nicht weiß, wie ich diese Menschen, die es auf mich abgesehen haben, eigentlich bezeichnen soll: Sind das Trolle? Klingt das nicht viel zu niedlich? Trolle sind doch eigentlich diese kleinen Wesen, die bei Ronja Räubertochter auftauchen – etwas nervig, doch nicht wirklich gefährlich. Sind das Hater? Oder Kritiker? Oder doch Stalker? Ich verwende hier übrigens ganz bewusst das generische Maskulinum, weil es sich bei diesen Menschen tatsächlich überwiegend um Männer handelt.

Sascha Lobo schlug mir in einem langen Gespräch vor, nicht mehr von Trollen zu sprechen, sondern von Anti-Fans. Diese Menschen haben dieselbe Obsession mit mir, wie auch Fans sie oft haben: Sie besuchen meinen Buchladen, sie suchen mich zu Hause auf; obwohl ich sie blockiert habe, schauen sie sich mein Profil an und beschäftigen sich mit mir.

Ich weiß nicht, wie ich diese Menschen bezeichnen soll, und ich weiß auch nicht, wie ich beschreiben soll, was sie tun. Werde ich getrollt? Gehasst? Wird gegen mich gehetzt? Ist es eine Beleidigung, wenn Menschen wider besseres Wissen konsequent meinen alten Namen gebrauchen und unter meine Beiträge schreiben, dass ich doch eine Frau sei?

Es gibt für diesen Hass nicht nur keinerlei Sprache, sondern auch keine juristischen Strukturen, um dagegen vorzugehen. Wenn ich davon erzähle, höre ich oft: «Linus, du musst das anzeigen.» Das ist natürlich ein nett gemeinter Ratschlag, doch ich bin mittlerweile sehr genervt und müde: Seit Januar 2018 versuche ich rechtlich dagegen vorzugehen. Doch laut Polizei ist es anscheinend weder verboten, mir etwas zu schicken, noch, an meinen Arbeitsplatz zu kommen, dort anzurufen oder die Klingelschilder in meinem Wohnhaus zu überkleben.

«Zeig das unbedingt an!», wird nicht nur mir geraten, sondern allen, die Opfer von Hass im Netz werden. Völlig außer Acht gelassen wird dabei, dass die Möglichkeit, Dinge anzuzeigen, alleine nicht ausreicht – es müssen auch Strukturen dafür geschaffen werden, weiter gegen die Täter vorzugehen. Manche schlagen an dieser Stelle die Klarnamenpflicht vor – ich glaube nicht, dass das eine Lösung ist. Auf Facebook gibt es eine Klarnamenpflicht, ohne dass der Hass dort bedeutend abgenommen hätte. Exemplarisch dafür steht ein Urteil im Fall Renate Künast, die darauf geklagt hatte, dass Facebook nutzerbezogene Daten herausgeben solle – doch das Gericht kam zu dem Schluss, dass eine Äußerung wie «Drecks Fotze» noch nicht den Tatbestand einer Beleidigung erfülle.

Bei Jaqueline Scheiber, die als @minusgold auf Instagram von ihrem Leben erzählt, las ich kürzlich einen Satz, der wie für mich geschrieben klang: «Ich halte es für unerlässlich, dass es Menschen gibt, die sich in die Mitte des Raumes stellen und darauf bestehen, gesehen zu werden.» Ich möchte trotz allem und immer noch dieser Mensch sein. Und ich glaube eines ganz fest: Je mehr Menschen sich trauen, in der Mitte des Raumes zu stehen, desto stärker verteilt sich der Hass irgendwann auf mehrere Schultern.

Ich habe lange mit mir gerungen, wie stark dieses Thema eine Rolle in meinem Buch spielen sollte. Ich habe mich dafür entschieden, darüber zu schreiben, um aufzuzeigen, wie groß die Bedrohung für viele marginalisierte Menschen ist: Menschen wie ich werden aus dem Netz geekelt und zum Schweigen gebracht. Es braucht Solidarität und tatsächlich auch bessere Gesetze und Beratungsangebote, um etwas an der Situation zu ändern.

Ich hoffe, dass ich mit meiner Geschichte deutlich machen kann, dass Hass im Netz nicht aufhört, wenn man den Menschen die Tastatur wegnimmt. Hass im Netz sind nicht einfach nur Kommentare, die man ignorieren kann. Hass im Netz ist ein

Hass, der auch auf das analoge Leben übergreifen kann – und die Kraft hat, dieses zu zerstören.

Seit ich weiß, dass diese Menschen herausgefunden haben, wo ich wohne, denke ich darüber nach aufzuhören, weil ich mich immer wieder frage: «Wofür mache ich das eigentlich? Warum tue ich mir das an?» Will ich für diese Menschen wirklich der Boxsack sein, an dem sie sich abarbeiten können? Der Spielball? Die Freizeitbeschäftigung? Die Witzfigur?

Das, was mir passiert, geht an niemandem spurlos vorbei. Ich wurde an meinem Arbeitsplatz und an meinem Zuhause aufgesucht – ich habe die Kontrolle über gewisse Dinge verloren und kann mir das auch nie wiederholen, ich kann das nur akzeptieren. Ich muss für mich akzeptieren, dass es ab jetzt immer ein Teil meiner Arbeit sein wird, dass Menschen im Internet meine Adresse kennen und wissen, wo sie mich finden können.

Ich möchte mutig und kämpferisch sein, doch ich bin stattdessen oft müde und ratlos. Deshalb kann ich an dieser Stelle nur sagen: Vielleicht mach ich meine Arbeit weiter, vielleicht lass ich es auch bleiben und gebe einfach auf. Ich weiß es gerade noch nicht.

Solidarität

In den Wochen, nachdem ich meinen Kolleginnen davon erzählt hatte, dass ich bedroht werde und Angst davor hatte, dass – wie bereits in meiner alten Buchhandlung – erneut mein Arbeitsplatz aufgesucht werden könnte, merkte ich, wie sich die Stimmung bei uns im Buchladen langsam veränderte. Hass im Netz ist für viele Arbeitgeber*innen immer noch ein relativ neues Phänomen: Wie verhalte ich mich, wenn meine Mitarbeiter*innen bedroht werden? Wie kann ich meine Solidarität zeigen? Wie kann ich unterstützen?

Margarete Stokowski schreibt in ihrem Text *Gegen Hass im Netz hilft Solidarität*: «In allen möglichen Einrichtungen müssen Beschäftigte Schulungen durchlaufen, es gibt dann zum Beispiel im Rahmen von Arbeitsschutzstrategien Kurse darüber, wie man schwere Lasten korrekt hebt, und das ist natürlich richtig. Aber was auch gelernt werden sollte, ist der Umgang mit Kolleg*innen, die von sogenanntem Hass im Netz betroffen sind. Das ist auch Gesundheitsvorsorge, im 21. Jahrhundert.»

Ich arbeitete in einem kleinen Buchladen, nicht weit von meiner neuen Wohnung entfernt. Der Buchladen befand sich in einer Umbruchssituation: Während die älteren Mitarbeiterinnen ihren Ruhestand vorbereiteten, versuchten die jüngeren Mitarbeiterinnen ein neues Konzept für den Laden auszuarbeiten. Ich ging gerne zur Arbeit, ich fühlte mich wohl in dem Buchladen – ich mochte unser Sortiment und die Kund*innen. «Habt ihr auch Kinderbücher zum Thema transgender?», fragte mich ein Vater bereits an meinem zweiten Arbeitstag. Ich dachte: Hier bin ich richtig, hier kann ich bleiben.

Doch als bei mir zu Hause die Klingelschilder überklebt wurden, war mir klar, dass es früher oder später möglicherweise auch zu Vorfällen im Buchladen kommen könnte. Nachdem ich von meiner Bedrohungslage erzählt hatte, war ich erst einmal erleichtert. Doch meine Chefin wurde von Tag zu Tag ängstlicher. Weil ihr Name auf der Website des Buchladens stand, bekam sie Angst davor, dass jemand herausfinden könnte, wo ich arbeite – und sie dann zu Hause aufsuchen würde.

«Ich glaube, ich brauche vielleicht auch eine Kamera in meinem Türspion», sagte sie während einer gemeinsamen Schicht zu mir. Ich war verdattert. Eine andere Kollegin berichtete davon, dass es bei ihr mitten in der Nacht geklingelt habe. «Vielleicht war das ja einer von denen, Linus.» Ich erzählte meiner Therapeutin, dass ich zunehmend genervt davon war, wie mich meine Kolleginnen mit ihren eigenen Ängsten erdrückten. «Es hilft oft, wenn man die eigene Angst überprüfen muss», riet mir meine Therapeutin – sie bot sogar ein gemeinsames Gespräch mit meiner Chefin an.

Solidarität bedeutet wortwörtlich übersetzt eine Haltung der Verbundenheit. Doch wie können sich Arbeitgeber*innen in solchen Situationen solidarisch zeigen? An meinem alten Arbeitsplatz hatte ich immer bedingungslose Unterstützung gespürt. Meine Kolleginnen waren wütend gewesen über das, was mir passierte, aber niemals ängstlich. Kurz nachdem ich dort anfing, machten wir ein gemeinsames Gruppenfoto mit dem Slogan «Wir sind bunt». In unserem viermal im Jahr erscheinenden *Büchermagazin* durfte ich in einer Ausgabe meine Lieblingsbücher zum Thema trans vorstellen. Etwa ein Jahr nachdem ich dort angefangen hatte, wurde ein weiterer trans Mann eingestellt. All das waren für mich Zeichen von Solidarität und Akzeptanz.

Eine trans Frau, die ihre Ausbildung in einem anderen Buchladen in Berlin machte, wandte sich eines Tages an mich und erzählte mir, dass sie sich von ihren Kolleginnen nicht akzeptiert fühlte. Sie weigerten sich, ihren neuen Namen vor der offiziellen Namensänderung zu verwenden, und änderten auch nicht ihr Foto auf der Website. Ich hörte mir diese Geschichte an und war entsetzt und erstaunt zugleich. Hatte ich einfach nur unglaubliches Glück?

Auf Google bekam mein ehemaliger Buchladen eine Ein-Sterne-Bewertung, ein gewisser Tim Winkler schrieb: «Lügen auf ihrer Werbewebsite zu den Namen der Mitarbeiter. Ich möchte nicht zu Werbezwecken von umsatzgeilen Firmen belogen werden.» Das war eine Anspielung darauf, dass meine Namensänderung damals noch nicht offiziell gewesen war. Mein Chef antwortete mit den Worten: «Hallo Tim, vielen Dank für deine verblüffende Kritik. Wir glauben, das mit uns beiden wird nichts. Wir sind uns aber sicher, es gibt andere Buchläden, die besser zu dir passen, als wir. Und wünschen dir viel Glück bei der Suche. Dein umsatzgeiler Buchladen.»

Nachdem ich Besuch im Laden erhalten hatte, wurde eine Kamera installiert. Es wurden Sticker angebracht, die darauf hinwiesen, dass im Laden gefilmt wird. Auch als ich mich krankmeldete, weil ich mir erst einmal nicht vorstellen konnte zu arbeiten, spürte ich weiterhin die volle Rückendeckung und Unterstützung. Mein Chef rief mich an und erkundigte sich, wie es mir ging.

«Du musst dafür nicht dankbar sein, weil das selbstverständlich sein sollte», wurde mir oft gesagt, wenn ich anderen davon erzählte. Es sollte selbstverständlich sein, aber Tatsache ist: Es ist noch lange nicht selbstverständlich. Ich glaube, das habe ich erst jetzt – wenn ich auf meine Zeit in dieser Buchhandlung zurückblicke – verstanden.

Warum konnten meine neuen Kolleginnen nicht auch solidarisch sein? Vielleicht lag es daran, dass ich noch nicht so lange in dem Buchladen arbeitete. Vielleicht lag es auch daran, dass keine meiner Kolleginnen selbst im Internet aktiv war. Vielleicht wird

Solidarität umso schwerer, wenn einem die Thematik fremd ist, weil man mit ihr so wenig Berührungspunkte hat. Ich weiß es nicht. Ich weiß nur, dass es sich furchtbar anfühlt, wenn einem Solidarität entzogen wird.

«Wir haben beschlossen, dass es besser wäre, wenn du bei uns nicht aus deinem Buch lesen würdest», teilte mir meine Chefin mit – ein paar Tage nachdem sie überlegt hatte, ob sie eine Kamera in ihrem Türspion brauchte. «Vielleicht solltest du dir auch überlegen, ob du nicht einfach erst einmal nichts mehr im Internet sagst. Nimm dich vielleicht ein wenig zurück», fügte sie noch hinzu. Ich nahm das erst einmal so hin, war aber betroffen und gekränkt. Es war die Haltung, die dahintersteckte, die mich sprachlos machte.

Kurz vor Weihnachten kam dann ein Paket an meine Arbeitsstelle. Ich erinnere mich noch, dass ich an diesem Tag die Spätschicht hatte. «Hast du gesehen, dass in der Küche ein Paket für dich steht?», fragte meine Kollegin, als ich angekommen war. Während ich in der ersten Buchhandlung ganz offen damit umgegangen war, wo ich arbeitete – man konnte mich auf der Website finden oder im hauseigenen Magazin –, versuchte ich, meinen neuen Arbeitsplatz, soweit dies möglich war, geheimzuhalten. Das war eine bewusste Entscheidung, die ich aufgrund meiner Erfahrungen in meinem alten Buchladen getroffen hatte.

Manchmal bin ich neidisch auf Freund*innen, die im Internet ganz unbefangen damit umgehen können, in welchem Buchladen sie arbeiten. Niemand von ihnen muss sich darüber Gedanken machen, ob sie dort aufgesucht werden oder unerwünschte Post erhalten könnten. Niemand von ihnen muss den eigenen Arbeitsplatz geheimhalten, um das Unternehmen zu schützen – zum Beispiel vor schlechten Google-Bewertungen. Sie können ganz unbefangen verkünden, wo sie arbeiten, Fotos von ihrem Arbeitsplatz zeigen oder – das tut eine Freundin manchmal – ihren

Schichtplan öffentlich teilen. Ich kann das nicht. Ich besaß diese Unbefangenheit – oder vielleicht besser: Unbeschwertheit – auch einmal, ich habe sie längst verloren. Mich macht das traurig, weil Unbeschwertheit etwas ist, das man sich niemals wieder zurückholen kann. Wenn sie weg ist, ist sie weg.

Als ich das Paket sah, wusste ich sofort, dass sie mich trotz aller Vorsichtsmaßnahmen gefunden hatten. «Wer von euch kann mich zur Polizei begleiten?», fragte ich in einer WhatsApp-Gruppe. Eine Stunde später kam eine Freundin vorbei. Das ist eine der positiven Begleiterscheinungen der letzten Monate: Plötzlich gibt es neue Menschen an meiner Seite, die vorher noch nicht da gewesen sind. Wir brachten das Paket ungeöffnet zur Polizei. Danach gingen wir in ein indisches Lokal. Es war früher Nachmittag, wir waren die einzigen Gäste. Ich aß Grießbällchen, die ich in Mangosauce tunkte. Meine Freundin wollte mich nach Hause bringen, aber es war Ende Dezember. Wir befanden uns mitten im Weihnachtsgeschäft. Ich wusste, ich muss wieder zurück. Sie stellte sich neben mich und nahm mich in den Arm. Sie sagte: «Es ist okay, du darfst jetzt weinen.» Sie streichelte durch meine Haare und sagte: «Es ist lustig, deine Haare riechen männlich.» Ich musste lachen.

Ich glaube, viel schlimmer als dieses Paket waren für mich die Reaktionen meiner Kolleginnen: Obwohl alle mitbekamen, dass ich ein unerwünschtes Paket erhalten hatte, sprach niemand von ihnen mit mir darüber. «Ich wusste, dass das passieren würde», sagte meine Chefin, als sie mich mit dem Paket im Büro sitzen sah. Unterstützung erhielt ich lediglich von einer einzigen Kollegin, die mich ermutigte, das Paket direkt bei der Polizei abzugeben. Alle anderen gaben mir unmissverständlich das Gefühl, dass ich für eine unerwünschte Störung im Betriebsablauf sorgte. Ich verstehe, dass nicht alle immer sofort wissen, wie sie sich richtig verhalten können, aber mir wurde selten zuvor so stark das Gefühl gegeben, dass etwas mit mir nicht stimmt. Es war meine Schuld – ich war hier nicht das Opfer, ich war der Täter. Wäre ich kein trans Mann, würde ich nicht öffentlich über mich sprechen, wäre all das nicht passiert.

Ein paar Tage später erfuhr ich, dass die Entscheidung, dass es mit mir keine Lesung geben soll, in einer Teamsitzung hinter meinem Rücken getroffen worden war. «Solange mein Name auf der Website steht, wird es keine Lesung geben», habe meine Chefin gesagt. Eine andere Kollegin habe die Angst geäußert, die Scheiben könnten eingeschlagen werden, wenn das Buch im Schaufenster ausgelegt wird. Ich war entsetzt, ich fühlte mich verraten. Wollte man überhaupt noch mit mir arbeiten, wenn man sich keine Lesung mit mir vorstellen konnte?

Wo fängt es an? Wo hört es auf? Das fragte ich mich ganz ernsthaft. «Man müsste aus Solidarität sagen: Wir machen jetzt erst recht eine Lesung mit dir», sagte meine Anwältin, als ich ihr davon erzählte. Wer sich aus Angst dazu entscheidet, ein Buch lieber nicht ins Schaufenster zu legen, entscheidet sich nicht nur gegen Solidarität, sondern auch dagegen, den Kampf gegen rechts anzunehmen. Wenn die zunehmende Diskursverschiebung tatsächlich dazu führen sollte, dass irgendwann bestimmte Bücher nicht mehr ausgelegt und Lesungen lieber wieder abgesagt werden, dann macht mir das große Angst.

Als ich eines Morgens die Bestellungen auspackte und sah, dass meine Chefin sich das Buch *Sag was! Radikal höflich gegen Rechtspopulismus argumentieren* bestellt hatte, musste ich beinahe laut auflachen. Sag was! Es hätte endlos viele Dinge gegeben, die man hätte sagen können, um sich solidarisch zu zeigen. Nichts davon wurde gesagt. Stattdessen bekam ich von ihr ein Tütchen Globuli – «Damit du schlafen kannst» – und zwei Wochen später die Kündigung.

Nach dem Jahreswechsel schrieb mich mein Hausarzt für ein

paar Wochen krank. Als ich ansetzte, um ihm zu erklären, was für mich zurzeit so belastend war, unterbrach er mich rasch: «Sie müssen mir nichts erklären, das ist doch selbstverständlich.» Doch mein Arbeitgeber hatte kein Verständnis. Eine Woche nach meiner Krankschreibung erhielt ich die Kündigung. Die Begründung: Sie brauchten für die kommenden Monate einen zuverlässigen Mitarbeiter und glaubten nicht, dass ich diese Rolle erfüllen könnte.

In der Kündigungsmail stand, sie «mögen mich als Linus» – es dauert lange, bis ich herausfand, warum mich das so ärgerte. Würde man so etwas auch einem cis Menschen schreiben? Wir mögen dich als Julia? Wir mögen dich als Thomas? Als was sollten sie mich auch sonst mögen? Als Regenschirm? Ich neige dazu, Formulierungen auf die Goldwaage zu legen, aber für mich spricht aus diesen vier Worten so viel Ablehnung, Scheinheiligkeit und Ignoranz, dass es mir schwerfällt, nicht die Beherrschung zu verlieren. Die Tatsache, dass es vielen Menschen vermutlich schwerfallen wird, das nachzuvollziehen, macht mich zusätzlich wütend – ich hasse dieses ohnmächtige Gefühl.

Ich möchte nicht als Linus gemocht werden. Ich möchte einfach nur einen solidarischen Arbeitgeber, der nicht einknickt und mir aus Angst vor irgendwelchen rechten Menschen kündigt. Ich möchte einen Arbeitgeber, der mein Buch ganz vorne ins Schaufenster stellt und ganz selbstverständlich eine Lesung mit mir organisiert. Ich möchte einen Arbeitgeber, der «Jetzt erst recht» sagt. Ich möchte keinen Arbeitgeber, der mir ohne ein einziges gemeinsames Gespräch eine Kündigung schickt, in der «wir mögen dich als Linus» steht. Drauf geschissen.

Mit Heike, einer Kollegin aus dem Buchladen, habe ich heute immer noch Kontakt. Am Telefon erzählte sie mir, dass an dem Tag, als ich per Mail meine Krankschreibung schickte, meine Chefin sagte: «Das kann so nicht weitergehen mit Linus.» Heike verteidigte mich und kritisierte ihre Kolleginnen für den Umgang mit meiner Situation. Ich weiß nicht, wie es genau dazu gekommen ist, aber sie verteidigte mich so sehr, dass sie sich deswegen mit meiner Chefin überwarf und kündigte. «Ich habe meine Sachen aus dem Spind genommen und bin gegangen – nach siebzehn Jahren, Linus.» Ich war sprachlos.

Das ist Solidarität. Ich erzählte die Geschichte einer befreundeten trans Frau. Als ich wiedergab, wie Heike mir davon erzählte, dass sie nach siebzehn Jahren ihren Schrank leer geräumt hatte und gegangen war, fing Michelle an zu weinen. In dem Buchladen arbeiteten sieben Frauen – Heike war die einzige, die aufstand, um zu sagen: «Das geht so nicht.»

Ich bin auf Menschen wie Heike angewiesen. Für sechs Frauen war es die einfachste und naheliegendste Lösung, mir zu kündigen, um das Problem loszuwerden. Ich bin darauf angewiesen, dass es auch Menschen wie Heike gibt, die mich beschützen und verteidigen wollen. Menschen, die solidarisch sind.

Wie geht es weiter?

Daniela holte mich in Hamburg vom Fernbusbahnhof ab. Den Termin für das Vorgespräch für die Mastektomie hatte ich fast zwei Monate zuvor am Telefon vereinbart. In den Wochen vor dem Termin hatte ich lange überlegt, ob ich jemanden darum bitten könnte, mit mir zusammen nach Hamburg zu fahren. Doch am Ende traute ich mich nicht und stellte mich stattdessen darauf ein, alleine dorthin zu gehen. Ich denke immer noch oft, dass ich Sachen alleine schaffen muss, um für niemanden eine Belastung zu sein.

Daniela wusste von dem Vorgespräch, schrieb mir eine Woche vor dem Termin und fragte mich, ob sie sich freinehmen sollte, um mich zu begleiten. Ich war gerührt und sagte sofort ja. Bevor wir mit dem Auto nach Reinbek fuhren, gingen wir noch Pfannkuchen essen. Daniela und ich haben eine große Leidenschaft für schöne Cafés und gutes Essen und gehen dieser gerne gemeinsam nach.

Die Fahrt nach Reinbek dauerte nur eine knappe halbe Stunde. Je näher wir der Klinik kamen, desto aufgeregter wurde ich. Dabei handelte es sich doch lediglich um ein Vorgespräch! Wir waren spät dran und fanden den Parkplatz nicht. Plötzlich fuhren Daniela und ich immer tiefer in ein Waldgebiet hinein, weil der Weg zu schmal war, um das Auto zu wenden.

In diesen Minuten mutierte ich zum Prototyp des anstrengenden Beifahrers. Irgendwann schaute Daniela mich genervt an und sagte: «Linus! Wenn du nicht sofort mit dem Mansplaining aufhörst, setze ich dich auf der Stelle hier aus und fahre alleine zurück!» Ich verstummte schlagartig und hoffte im Stillen, dass wir es noch rechtzeitig schaffen würden.

Irgendwann fanden wir den Parkplatz und schließlich auch den richtigen Eingang. An der Rezeption wurden wir weiter zur gynäkologischen Ambulanz geschickt. Es ist komisch für mich, unter einem Schild durchzulaufen, auf dem «Frauenklinik» steht – oder an einem Schild vorbeizugehen, auf dem «Frauen hier entlang» steht. Die gynäkologische Ambulanz ist ein Ort, der noch nicht darauf eingestellt ist, dass dort auch Menschen hingehen könnten, die keine Frauen sind.

Im Wartezimmer saßen vier andere trans Männer. Das war so ein komisches Gefühl! Sonst komme ich immer in Wartezimmer und fühle mich erst einmal fremd und aussätzig. Doch dort kam ich zum ersten Mal in ein Wartezimmer und traf auf vier Menschen, die genau denselben Wunsch hatten wie ich selbst. Als ich mich hinsetzte und mich noch einmal umschaute, fiel mir als Nächstes auf, dass ich mit Abstand der Älteste dort war. Alle anderen sahen deutlich jünger aus. Und was fast noch schlimmer war: Einer der Jungs hatte seine Mutter als Begleitung dabei!

In diesem Moment fühlte ich eine schmerzhafte Mischung aus großer Traurigkeit und einem klitzekleinen bisschen Neid. Ich habe solche Momente immer wieder. Es ist schwer zu beschreiben. Mir schießen dann ganz viele Fragen durch den Kopf: Warum seid ihr jünger als ich? Warum werdet ihr von euren Eltern unterstützt? Warum bin ich schon so alt? Wer gibt mir die verlorenen Jahre wieder zurück? Warum wurde ich nicht unterstützt? Warum hat mir niemand geholfen? Warum musste ich all die Jahre lang ein falsches Leben leben? Wie kann ich diese Zeit jemals wieder nachholen? Ich möchte weinen, schreien, um mich schlagen. Ich möchte ganz laut brüllen: Wer gibt mir mein Leben zurück?

Ich schluckte, atmete einmal tief durch und tat nichts von alledem. Kurze Zeit später wurden wir aufgerufen. Vorher hörte ich noch, wie der Arzt mit der Sprechstundenhilfe sprach: «Ich nehme die Jungs jetzt mit in mein Büro.» Die Jungs. Das waren wir. Wie schön!

In der nächsten Stunde saßen wir alle zusammen bei dem Arzt im Büro. Fünf trans Männer und ihre Angehörigen. Ich war plötzlich sehr froh darüber, dass ich Daniela dabei hatte – ganz alleine hätte ich mich komisch gefühlt.

Die Klinik in Reinbek hat schon über zweitausend trans Männer operiert, zurzeit operieren sie fünf trans Männer in der Woche. Was für Zahlen! Der Arzt erklärte uns als Erstes die unterschiedlichen OP-Techniken: Es gibt große oder kleine Schnitte – die Wahl der Technik hängt von der Brustgröße ab. Doch er erklärte nicht nur, sondern zeigte uns auch viele Vorher-nachher-Bilder.

Wenn die Nippel transplantiert werden müssen, kann es passieren, dass sich nach der Transplantation eine schwarze Schicht darauf bildet. Der Arzt berichtete von einem Patienten, der damit zu seinem Hausarzt gegangen war, der ihn direkt weiter zu einem Chirurgen verwiesen hatte, der wiederum umgehend die scheinbar schwarz gewordene Haut entfernt hatte. Ein großer Fehler – denn damit war der Nippel weg! Das Schwarze war keine abgestorbene Haut, sondern Schorf, der irgendwann abgefallen wäre – darunter der Nippel. Was lernen wir daraus? Mit schwarzen Nippeln auf gar keinen Fall zum Hausarzt gehen!

Auch sonst gab es zwischendurch immer wieder etwas zu lachen: Einer der anderen trans Männer hatte eine Tätowierung am Unterarm – der Arzt zeigte darauf und sagte, dass er sich auf gar keinen Fall den anderen Unterarm tätowieren lassen dürfe. Für den Penisaufbau wird ein Stück Haut aus dem Unterarm genommen – wer beide Arme tätowiert hat, der läuft Gefahr, dass er ein Teil des Tattoos zukünftig auf dem Penis trägt. Der Arzt berichtete auch von Tätowierungen im Brustbereich, die er nach der Mastektomie wieder zusammenfügen musste. Alle lachten an den richtigen Stellen.

Während der ganzen Zeit fand ich es herrlich, wie locker und unverkrampft über die Thematik gesprochen wurde. Zwischendurch versuchte ich mir alles zu notieren, was mir wichtig erschien: Ich würde fünf Tage im Krankenhaus bleiben müssen und wäre danach fünf Wochen krankgeschrieben. Ich hatte die Möglichkeit, beides auf einmal zu machen, die Mastektomie und die Entfernung der Gebärmutter und Eierstöcke. Lange Zeit hatte ich geglaubt, dass ich mir beides entfernen lassen müsste, weil ansonsten ein erhöhtes Krebsrisiko bestünde.

Doch der Arzt wischte diese Sorgen beiseite und erklärte, dass es keinen medizinisch notwendigen Grund gäbe, sich beides entfernen zu lassen – außer ich möchte das. Gebärmutter und Eierstöcke werden in dieser Klinik per Bauchschnitt entfernt. Der Arzt erklärte, dass das den Vorteil habe, dass die Patienten nicht gynäkologisch untersucht werden müssen. Man erspart ihnen den gynäkologischen Untersuchungsstuhl. Und bei den Operationen wird penibel darauf geachtet, dass der Schrittbereich abgedeckt bleibt. Das Ausmaß der Achtsamkeit und Sensibilität erstaunte mich. Ich kannte das so nicht von meinen anderen Arztbesuchen.

Er erzählte, dass erst eine Woche zuvor ein trans Mann auf derselben Station ein Kind entbunden hatte. Ich bin gerührt und gleichzeitig traurig darüber, dass wir diese Menschen nicht sehen – ich kenne keine trans Männer, die Kinder bekommen haben. Diese Menschen finden öffentlich nicht statt. In Deutschland hat sich vor ein paar Jahren einmal ein schwangerer trans Mann an die Öffentlichkeit getraut – die neugierigen Journalist*innen sind ihm bis in den Supermarkt hinein gefolgt, um Fotos davon zu machen, wie er seine Milch einkaufte. Wer will das schon?

Als der Arzt am Ende war mit seinem Vortrag, durfte jeder von uns noch einmal einzeln mit ihm sprechen. Als Erstes fragte er mich, ob es für mich in Ordnung sei, meine Brust freizumachen. Danach schaute er sich meine Brüste an und erklärte mir, dass bei mir nur die großen Schnitte in Frage kämen, da meine Brust zu groß für die kleinen Schnitte ist. Das ist okay. Ich habe keine besonderen ästhetischen Ansprüche – Hauptsache, endlich weg damit, denke ich oft.

Nachdem ich mich wieder angezogen hatte, saß ich ihm gegenüber und sagte, dass meine größte Angst sei, nach der Narkose nicht wieder aufzuwachen. Ich habe eine seltene Gerinnungsstörung und bin ein Schisshase. Er beruhigte mich – und als wir uns zum Abschied die Hand gaben, sagte er: «Sie sehen so männlich aus, trauen Sie sich endlich, und gehen Sie den letzten Schritt.»

Einen Tag später rief ich in der Klinik an und vereinbarte einen Termin. Am 26. Januar 2021 habe ich meine Mastektomie und meine Hysterektomie. Am 30. Januar habe ich Geburtstag, ich werde dann fünfunddreißig Jahre alt. Ich werde mir das, was ich mir schon so lange wünschte, selbst schenken müssen. Die verlorenen Jahre gibt mir niemand zurück, aber ich hoffe, ich habe noch einige Jahre vor mir.

Zum zweiten Mal bei Minette

Fast zwei Jahre nach meinem ersten Besuch war ich zum zweiten Mal bei Minette, um mich wieder malen zu lassen. Beim ersten Mal stand ich in einem Unterhemd in der Mitte des Zimmers und umklammerte den Kopf eines Stoffeisbären. Aus dem Stoffeisbären wurde später auf dem Bild ein wütender Braunbärkopf, den ich mit meinen bloßen Händen auf Abstand halten muss.

Ich erkenne mich auf dem Bild selbst nicht wieder – doch ich erkenne mich in der Szene wieder: Der Bär steht für meine Vergangenheit, die ich hinter mir lassen musste, um in mein neues Leben starten zu können. Es ist eine Vergangenheit, die mir manchmal wie ein Ungeheuer anmutete – auf dem Bild reichen aber meine eigenen Hände aus, um sie zurückzuhalten. Vielleicht ist dieses Ungeheuer also gar nicht so stark und bedrohlich, wie es mir oft erschien?

Als ich Minette fragte, woran sie sich noch von unserem ersten Bild erinnere, sagte sie: «Du kamst damals mit einer scheinbar großen Offenheit zu mir, doch ich habe schnell gemerkt, dass dann doch nicht so viel möglich war.» Ich hatte keine Ideen gehabt, was ich auf dem Bild gerne darstellen möchte. Ich hatte keine eigene Vorstellung, und wenn ich eine gehabt hätte, hätte ich mich nie getraut, sie zu äußern.

Zwei Jahre später hatte ich eine genaue Vorstellung: Ich wollte mich nackt malen lassen, mit einer Krone auf dem Kopf und einem Zepter in der Hand. Von Krone und Zepter hielt Minette nichts, sie schlug stattdessen vor, dass ich wie Michelangelos David posiere. Mir gefiel die Idee. David besaß lediglich eine Steinschleuder, um sich gegen Goliath zu wehren. Ich besitze nicht viel mehr als eine Steinschleuder, um mich gegen all die normierten Geschlechtervorstellungen wehren zu können.

Deshalb ist es mir auch wichtig, nackt zu posieren. Denn wann sehen wir die nackten Körper von trans Menschen? Wo sehen wir diese Körper? Als ich mich dafür entschied, mit einer Hormontherapie zu beginnen, wusste ich kaum, was das genau für meinen Körper bedeuten würde.

Wenn ich in Kleidung durch die Straßen laufe, erkennen mich die meisten Menschen als den Mann, der ich bin. Doch sobald ich diese Kleidung ablege, offenbart sich darunter ein Körper, der nicht wie ein herkömmlicher Männerkörper aussieht. Ich habe breite Schultern, Brüste und einen Streifen dunkler Haare, der sich von meinem Oberkörper bis hinunter zu meiner Unterhose zieht. Auf meinen Brüsten sind die Haare heller und vereinzelter, je tiefer es geht, desto dunkler werden sie.

Es war Oktober, und bei Minette war es kalt und zugig. Ich war aufgeregt, weil ich selten nackt vor Menschen stehe. Sobald ich meine Kleidung ablege, lege ich auch mein Selbstbewusstsein ab, weil mich manchmal das Gefühl erstickt, einen Körper zu haben, der aus jeder gesellschaftlichen Normvorstellung herausfällt. Wer soll diesen Körper attraktiv finden? Wer soll diesen Körper liebens- und begehrenswert finden?

Minette und ich saßen bei einer Kanne Tee und Schokolade zusammen. Wir hatten uns zwei Wochen lang nicht gesehen, und ich erzählte ihr alles, was in meinem Leben in der Zwischenzeit passiert war. Bei Minette zu sein, ist für mich immer auch ein wenig so, als wäre ich bei einer Therapeutin. Wir sprechen viel, und ich habe das Gefühl, ihr alles erzählen zu können.

Irgendwann fingen wir an: Ich zog mein Hemd und meinen Sport-BH aus, legte die Hose ab. Dann bekam ich Angst und fragte, ob ich meine Unterhose erst einmal anbehalten dürfe. Ich durfte. In meinen Boxershorts stellte ich mich auf eine kleine

Fußbank, die in der Ecke des Ateliers stand. Minette fing an, mich zu dirigieren: den Ellenbogen ein wenig anwinkeln, das Spielbein mehr nach außen stellen, die Finger spreizen, den Blick aus dem Fenster richten. Sie schaltete eine Lampe ein, die mich gleichzeitig wärmte.

Bevor ich mich ausgezogen hatte, war mir fast schlecht vor Angst gewesen. Doch als ich nun dort im Licht auf dem schmalen Bänkchen stand, begann ich plötzlich, mich wohl zu fühlen. Der Strahler wärmte mich, und irgendwann vergaß ich, dass ich nackt war. In der Zeit, in der ich dort stand, fühlte ich mich wohl und sicher in meinem Körper. Ich wünschte, ich könnte dieses Gefühl konservieren, abfüllen, einlagern, um es mir immer wieder in Erinnerung rufen zu können, wenn ich an meinem Körper verzweifle.

Trotzdem schaffte ich es nicht, meine Unterhose auszuziehen. Es war nicht weiter schlimm, weil Minette an diesem Tag nur eine Skizze malte. Wenn sie die Leinwand vorbereitet hatte, würde ich noch mal wiederkommen, damit wir weitermachen können. Ich weiß nicht, warum ich zu befangen war, um auch meine Unterhose auszuziehen.

Es gibt trans Männer, die sich dafür entscheiden, einen Penisaufbau machen zu lassen. Dafür lassen sie sich Sehnen aus dem Unterarm und ein Stück Haut aus ihrem Hintern entnehmen, um daraus einen Penis formen zu lassen, der an die Klitoris angenäht wird. Damit verbunden sind oft mehrere Operationen und ein längerer Krankenhausaufenthalt – und keine Garantie, ob damit später ein Orgasmus möglich ist.

Ich bin erst dreiunddreißig Jahre alt, vielleicht entscheide ich mich noch einmal anders. Vielleicht gibt es auch in zehn oder fünfzehn Jahren ganz andere medizinische Möglichkeiten.

An den meisten Tagen fühle ich mich wohl mit dieser Entscheidung. Doch manchmal überkommen mich Zweifel. Ich weiß nicht, warum ich mich gegen den Penisaufbau entscheide, wenn ich gleichzeitig nicht als Frau gesehen werden möchte. Würde ich es mir nicht leichter machen, wenn ich das Komplettpaket buche? Ist meine Klitoris das, was meinen Körper queer macht? Wäre ich noch queer, wenn ich sie nicht mehr hätte?

Als ich ein Foto von Minettes Skizze auf meinen sozialen Kanälen teile, schreiben mir viele, wie sehr sie mich für meinen Mut bewundern. Ich hadere mit dem Begriff Mut. Ist es wirklich mutig, mich so zu zeigen, wie ich bin? Ist es mutig, mich nackt zu zeigen? Oder ist es mutig, dass ich meine Brüste nicht verheimliche? Macht mich das mutig? Oder gar exzentrisch? Ich weiß es nicht.

In der Netflix-Serie *Stadtgeschichten* gibt es eine Burlesque Bar mit dem Namen Body Politic. Ich mag den Namen, weil mein Körper auch politisch ist – ich weigere mich, ihn anpassen zu lassen, um es mir in dieser Gesellschaft leichter zu machen. Mein Körper ist queer, trans, gender non-conforming, und ich möchte, dass dieser Körper so akzeptiert wird.

Seit ich damit begonnen habe, Testosteron zu nehmen, bin ich nicht nur Stück für Stück maskuliner geworden, sondern fühle mich dabei auch immer wohler und zufriedener. Doch ich weiß nicht, ob es wirklich mein Ziel ist, irgendwann wie ein cis Mann auszusehen. Oft ärgert es mich, wenn andere annehmen, dass trans Menschen sich immer komplett umwandeln wollen und damit irgendwann fertig sind. Oft ärgert es mich deshalb auch, wenn andere mich fragen, wann meine Transition denn nun endlich abgeschlossen sei. Ich weiß es nicht, ich weiß nicht, ob ich sie jemals abschließen werde. Ich mag es, trans zu sein, mein Ziel ist es nicht, so viele Operationen wie möglich zu durchlaufen, um dieses Etikett irgendwann ablegen zu können.

Doch so selbstbewusst, wie ich hier klinge, fühle ich mich selten. Vielleicht habe ich im Laufe der Zeit gelernt, mich selbst annehmen zu können, doch ich habe nie gelernt, daran zu glauben, dass mich auch andere annehmen könnten. An den meisten Tagen glaube ich, dass mich andere für abstoßend und ekelhaft halten. Das ist auch nach zwei Jahren noch nicht besser.

Henri

Henri ist der erste trans Mann, dem ich jemals begegnete. Wir trafen uns im Sommer 2017 am Berliner Hauptbahnhof, es war ein schöner Sommertag – mir war warm, ich war aufgeregt und verschwitzt. Wir fuhren gemeinsam mit der Tram zum Rosa-Luxemburg-Platz und suchten uns einen freien Tisch in einem Café.

Ich hatte Henri im Internet kennengelernt. Ich wusste, dass er trans ist – ich schrieb ihn an und fragte, ob er sich vorstellen könnte, mich zu treffen. Ich trug damals noch meinen alten Namen und hatte ganz viele Fragen. Als ich Henri dann zum ersten Mal sah, verschlug es mir die Sprache, denn er verkörperte all das, was ich mir so sehnlich wünschte: Selbstsicherheit, Zufriedenheit, einen ganz eigenen Stil. Ich war beeindruckt und eingeschüchtert – und fühlte mich im Vergleich dazu ganz grau und farblos.

Ich erinnere mich daran, dass Henri eine Art Schiebermütze aufhatte – und ich weiß noch, dass er ein kleines Täschchen bei sich trug. Ich sah ihn an und wusste: Das bin doch ich, das möchte ich auch. Wir sprachen zwei Stunden miteinander, wobei ich die meiste Zeit zuhörte, während Henri mir von seinem Weg und seinen Erfahrungen berichtete – und von den Reaktionen seines Umfelds. Ich traute mich kaum, Fragen zu stellen, aber ich wollte alles wissen. Ich saugte alles auf, was er sagte.

Fast auf den Tag genau zwei Jahre später saß mir in einem Café ein anderer junger Mensch gegenüber – ein gemeinsamer Bekannter hatte unser Treffen arrangiert. Dieser junge Mensch wusste in dem Moment noch nicht, ob er eine Frau oder ein Mann ist. Ein paar Wochen nach unserem Treffen schickte er mir per WhatsApp ein Foto von einem Starbucks-Becher mit seinem neuen Namen – darunter stand «Ich bin ein alter Nachmacher». Als wir uns trafen, saß er noch verunsichert, verängstigt und eingeschüchtert vor mir, er konnte kaum etwas sagen und – noch viel schlimmer – konnte sich auch nicht vorstellen, wie sein Leben in Zukunft aussehen sollte.

Ich hatte das Gefühl, mir selbst gegenüberzusitzen – dem Menschen, der ich vor meinem Coming-out noch gewesen war. Ich hatte das Gefühl, diesem Menschen dasselbe geben zu können, was Henri mir damals gegeben hatte: Mut, Zuversicht, Hoffnung, eine Perspektive. Henri hat mir eine Möglichkeit aufgezeigt, er hat mir gezeigt, dass ein Leben als trans Mann möglich ist. Ich glaube, dass das eine der wichtigsten Erkenntnisse ist: Du kannst dieses Leben leben? Also kann ich das auch! Ich glaube, die meisten trans Menschen brauchen jemanden, der ihnen zeigt, dass es möglich ist, trans zu sei. Du darfst das. Du kannst das. Es ist erlaubt. Es ist möglich.

Als ich irgendwann wieder einmal nachts nicht schlafen konnte und im Internet surfte, stolperte ich über den Begriff *eggmode*. Es ist schade, dass sich der Begriff nicht wirklich ins Deutsche übersetzen lässt – aber er lässt sich umschreiben: Mit dem Begriff eggmode wird ein Zustand bezeichnet, in dem sich Menschen befinden, die trans sind, es selbst aber noch nicht wissen – oder aber verdrängen. Als wären sie in einem Ei eingeschlossen, aus dem sie noch schlüpfen müssen. Ich habe viele Jahre lang erfolgreich verdrängt, dass ich trans bin. Ich habe es verdrängt, weil ich keine Möglichkeit sah, dass das auch ein Weg für mich sein könnte.

Ich kann nicht trans sein, weil ... – Alle anderen trans Menschen wissen es schon als Kind ... – Ich bin zu alt für ein Coming-out. Ich habe mir immer wieder gesagt, dass ich nicht trans sein kann und dass ich niemals eine Transition beginnen werde. Das waren Gedanken, die mich auf- und abhielten und die dazu führten, dass ich alles verdrängte, was mit dem Thema zusammenhing. Doch als ich Henri traf, fühlte es sich an, als würde ich alleine durch diese Begegnung an die Hand genommen und aus dem dichten Nebel herausgeführt werden.

Ich mag den Vergleich mit einem Ei. Eierschalen müssen einerseits feste Schutzhüllen sein, andererseits müssen sie zerbrechlich genug sein, um dem Küken das Schlüpfen zu ermöglichen. Das Ei ist die ideale Kammer für das embryonale Wachstum, es enthält wichtige Nährstoffe und bietet Schutz – und am Ende lässt sich die Hülle von dem Wesen öffnen, das in ihm entstanden ist. Und es fühlte sich tatsächlich so an, als hätte ich eine Eierschale durchbrochen, als ich endlich meinen Namen sagen konnte.

Wenn ich über mich selbst in der Vergangenheit nachdenke, dann sehe ich ein Mädchen vor mir, auch wenn ich tatsächlich überzeugt davon bin, dass ich von Anfang an ein Junge gewesen bin. Doch ich lebte das Leben eines Mädchens – und wurde von allen als Mädchen gesehen und behandelt. Dieses Mädchen war seltsam und verloren, viele hielten sie für eine unscheinbare graue Maus. Sie bewegte sich wie ein Roboter durch ihren Alltag. Das Leben spielte sich in ihrem Kopf ab, in ihrer Phantasie. Wenn sie nachts träumte, dann träumte sie davon, ein Junge zu sein. Ein starker Junge. Ein mutiger Junge.

Ich habe einen langen Weg hinter mir. Ich wünschte, ich könnte sagen, ich sei endlich angekommen, aber das wäre eine Lüge. Meine Geschichte ist eine Geschichte der Verdrängung und Unterdrückung, mein Leben wurde dadurch geprägt – aber auch beschädigt. Ich habe mich in meinem Körper nie zu Hause gefühlt. Wenn ich heute nachts träume, dann träume ich davon, mich endlich ganz zu fühlen, wie ein erwachsener Mann.

Ich habe in vielen Momenten meines Lebens geglaubt, ein Mädchen zu sein. Mein Name war Mara. Mein Vater fand den Namen beim Durchblättern der Bibel. Jonas war der einzige Name, der auf der Liste der Jungennamen stand. Meine Mutter war bei meiner Geburt siebenunddreißig Jahre alt. Als meine Eltern noch geglaubt hatten, keine leiblichen Kinder bekommen zu können, hatten sie sich dazu entschieden, meinen Bruder zu adoptieren. Fast ein Jahr später kam ich dann doch noch zur Welt. Meine Mutter arbeitete als Lehrerin, mein Vater war Professor. Ich saß oft stundenlang auf seinem Schreibtischstuhl und kritzelte auf herumliegende Papiere, denn so stellte ich mir die Arbeit meines Vaters vor. Wenn meine Mutter auf Klassenfahrt fuhr, glaubte ich, sie manchmal auf der anderen Straßenseite zu sehen. Manchmal war ich mir so sicher, dass ich zu ihr über die Straße rannte, aber ich lag immer falsch. Ich dachte, alle Menschen um mich herum führten ein Doppelleben. Wie könnte man auch nur ein einziges Leben leben? Wie könnte es da nicht noch ein anderes Leben geben, das geheim gehalten werden musste?

Wenn ich von der Schule heimlief, kam mir meine Mutter oft entgegen, weil ich zu lange brauchte – ich schaute in alle Fenster hinein, an denen ich vorbeiging. Ich stellte mir vor, Teil einer anderen Familie zu werden. Ich stellte mir vor, an einem fremden Tisch zu sitzen, in einem fremden Bett zu schlafen, fremden Eltern Gute Nacht zu sagen. Ich erfand kleine Geschichten für diese fremden Familien, manchmal schrieb ich sie auch auf. Einen Großteil meiner Zeit verbrachte ich in meinem Kopf, ich hatte eine blühende Phantasie.

Ich habe einen langen Weg hinter mir. Der Mensch, der ich damals gewesen bin, gehört immer noch irgendwie zu mir. Ich respektiere diesen Menschen für seine Hartnäckigkeit, für seinen Überlebenswillen und dafür, dass er so hart gekämpft hat, bis er die Eierschale durchbrechen und endlich frei sein durfte.

Ich schulde ihm alles.

Sprache

«language is also a place of struggle.»

bell hooks

In ihrem Buch *Sprache und Sein* schreibt die Autorin und Aktivistin Kübra Gümüşay über ein Abendessen, bei dem eine der anwesenden Frauen erzählte, dass sie sich noch nie vom generischen Maskulinum ausgeschlossen oder von Sprache begrenzt gefühlt habe. Kübra Gümüşay fragt sich anschließend, woran das liegen könnte, und sie vermutet: «Vielleicht kann ein Mensch, der noch nie gegen eine Mauer gelaufen, der noch nie hart auf den Boden der Machtlosigkeit, des Kontrollverlusts, der Demütigung, der Sprachlosigkeit geschlagen ist – vielleicht kann so ein Mensch sich die Mauern, die sich tatsächlich durch unsere Gesellschaft ziehen, gar nicht vorstellen.»

Ich kann das besser nachvollziehen, als ich mir selbst wünschen würde. Vor zehn Jahren habe ich fast ausschließlich Bücher von weißen alten Männern gelesen. Ich habe mir keine Gedanken darüber gemacht, wie ich beim Schreiben gendern kann, weil ich dachte, die meisten werden sich durch das generische Maskulinum schon angesprochen fühlen. Ich hielt auch nichts davon, bei Preisen nachzuzählen, wie viele Frauen nominiert sind. Ich glaubte lange daran, dass allein die Qualifikation darüber entscheidet, wer es an welche Position schaffen kann. Ich schäme mich ein wenig dafür, es hier zuzugeben, aber ich habe lange Zeit nicht einmal gewählt – ganz zu schweigen davon, dass ich natürlich in keiner Form politisch aktiv gewesen bin.

Mein Blick darauf, wie viel Macht Sprache haben kann, hat sich erst mit meinem Coming-out geändert – genauso wie mein politisches Engagement. Ich war dreiunddreißig Jahre alt, als ich meine erste Petition ins Leben rief, um mich gegen ein Gesetz zu wehren, das meine Rechte und die aller anderen trans Menschen beschnitten hätte.

Ich erzähle das an dieser Stelle, weil mir bei dem Thema Sprache zwei Aspekte besonders wichtig sind: 1.) Wir haben nicht alle denselben Wissensstand, dieselben Positionen, dieselben Erfahrungen, und 2.) Wir müssen uns zugestehen, dass sich Sprache verändert, dass Veränderungsprozesse Zeit brauchen und wir alle noch dazulernen können. Ich wünsche mir, dass wir dabei großzügig und wohlwollend bleiben, denn Unwissenheit bedeutet nicht immer gleich Feindlichkeit.

Trotzdem gibt es immer wieder Menschen, die es gut meinen, aber dennoch Dinge sagen, die falsch, ungenau oder verletzend sind. Oft liegt das daran, dass es an Wissen fehlt – in manchen Fällen steckt aber auch eine bewusste Ablehnung dahinter: Es gibt Menschen, die glauben, dass es nur zwei Geschlechter gibt – es gibt Menschen, die ablehnend oder gar hasserfüllt auf trans Menschen reagieren. Wichtig ist mir, dabei zu unterscheiden, wer diese Dinge sagt: Sind es Journalist*innen, Autor*innen, Politiker*innen – also öffentliche Personen, die öffentlich über trans Menschen sprechen oder schreiben? In diesen Fällen ist mir die Sprache besonders wichtig. Wie Menschen allerdings am Frühstückstisch über trans Menschen sprechen, kann ich natürlich nur schwer beeinflussen – ich mache keine Vorschriften, ich gebe lediglich Empfehlungen. Ich möchte niemanden zensieren und auch niemandem gegen seinen Willen eine Sprache aufzwingen. Ich glaube aber, dass eine sensible Sprache langfristig auch zu mehr Akzeptanz und Verständnis in unserer Gesellschaft führen kann.

Eine Bekannte schrieb mir in einer Nachricht, dass sie – wenn sie sich mit anderen Bekannten über mich unterhält – gerne meinen alten Namen verwenden würde, um einzuordnen, über wen sie spricht. Ihre Frage an mich war, was ich davon hielt und ob ich das problematisch finden würde. Meine Antwort fiel knapp aus: «Solange ich nicht danebensitzen muss, ist mir das völlig egal.» Und trotzdem zeigt sich an dieser Stelle bereits die Macht, die Sprache haben kann: Menschen wissen etwas über mich (in diesem Fall meinen alten Namen), das sie gegen mich verwenden können.

Deadname

Der alte, abgelegte Name von trans Menschen wird auch als Deadname bezeichnet – Deadnaming bedeutet also das Ansprechen einer trans Person mit ihrem alten Namen. Es kann manchmal aus Versehen zum Deadnaming kommen, zum Beispiel wenn zu Beginn der Transition Freund*innen, Familienmitgliedern oder Kolleg*innen aus Gewohnheit unabsichtlich der alte Name herausrutscht. Der Deadname kann aber auch als Instrument von Macht genutzt werden: In den sozialen Medien werde ich häufig mit meinem alten Namen oder dem falschen Pronomen angesprochen – das sind dann Hasskommentare von Menschen, denen es bewusst darum geht, mir meine Identität abzusprechen, um mir weh zu tun.

Es gibt aber auch Menschen, die mit Absicht meinen alten Namen benutzen, ohne sich darüber im Klaren zu sein, wie verletzend das für mich ist. Während der ersten Buchmesse nach meinem Coming-out sagte eine Bloggerin zu mir: «Ich hoffe, ich nenne dich nicht aus Versehen Mara.» Auf einem Podium stellte mich der Moderator mit den Worten «Bekannt geworden bist du als Mara Giese» vor. Und in der Danksagung eines Buches steht: «Vielen Dank an Linus Giese, manche werden Linus noch unter dem Namen Mara Giese kennen.»

In allen drei Beispielen war es für mein Gegenüber unvorstellbar, dass ich ein Problem mit meinem alten Namen haben könnte. Im Buchladen kam sogar einmal eine Kundin zu mir und sagte: «In einem Artikel von dir las ich, dass du deinen alten Vornamen ablehnst – ich kann das überhaupt nicht verstehen: Ich hab kürzlich geheiratet und überhaupt gar kein Problem mit meinem alten Namen.»

Es gibt trans Menschen, die ein entspanntes Verhältnis zu ihrem alten Namen haben. Ich habe das nicht unbedingt, denn mein alter Name ist ja nicht nur ein Name, sondern steht auch für ein altes Leben, das mir nicht passte und sich nie wirklich gut anfühlte. Nach meinem Coming-out sortierte ich Kleidung aus, die ich nicht mehr tragen wollte – es waren Kleidungsstücke, die jemand anderem gehörten. Jemandem, der ich niemals wirklich war, aber dreißig Jahre lang vorgab zu sein. Ich hätte die Kleidung auch einfach in meinem Schrank hängen lassen können, aber dort wäre sie eine ständige Erinnerung an die Vergangenheit gewesen und hätte außerdem nur Platz weggenommen für Dinge, die mir besser passen und in denen ich mich wohler fühle.

Mit der Entscheidung, Linus zu sein, habe ich auch die Entscheidung getroffen, bestimmte Dinge zurückzulassen. Ich finde, dass es keinen passenderen Begriff als Deadname gibt, um einen Namen zu bezeichnen, der der Vergangenheit angehört. Ich bin Linus, mich gibt es seit vierunddreißig Jahren – nur habe ich mich erst jetzt herausgetraut. Ich bin nicht in dem Moment Linus geworden, als ich mich outete. Ich bin auch nicht in dem Moment Linus geworden, in dem ich meine Transition begann. Ich begann mit meiner Transition, weil ich bereits dieser Mensch gewesen bin. Ich war immer Linus, ich trug diesen Namen nur nicht mein ganzes Leben lang, aber Linus war immer der Mensch, der ich im Inneren war. Auch wenn ich das gut zu verstecken wusste. Mein alter Name ist so etwas wie die beständige Erinnerung daran, dass es eine Zeit gab, in der ich versuchen musste, jemand zu sein, der ich niemals gewesen bin. Es ist eine schmerzhafte Erinnerung. Es geht um Scham, darum, dass ich so, wie ich war, nie richtig gewesen bin. Wenn andere mich mit meinem alten Namen ansprechen, bedeutet das, mich immer wieder mit voller Wucht daran zu erinnern, wie ich mich heranwachsend gefühlt habe.

Natürlich kann ich an dieser Stelle nicht für alle trans Menschen sprechen – das möchte ich auch gar nicht, aber in neunundneunzig Prozent aller Fälle sollten cis Menschen nicht den Deadname einer trans Person verwenden, es sei denn, die betroffene Person hat das ausdrücklich erlaubt. In neunundneunzig Prozent aller Fälle ist es auch nicht in Ordnung, eine trans Person ohne ihren Willen öffentlich zu outen. Ich lebe offen als trans Mann, und trotzdem möchte ich nicht, dass mein alter Name auf einem Podium genannt wird oder für unglaublich viele Menschen in einem Buch nachzulesen ist – zumindest nicht dann, wenn es nicht meine eigene Entscheidung gewesen ist. Das fühlt sich übergriffig an und nimmt mir alle Kontrolle über mein Leben, meine Identität und meine eigene Geschichte. In neunundneunzig Prozent aller Fälle ist es zudem schmerzhaft, wenn der Umgang mit meinem alten Namen zur Diskussion gestellt wird: Ich werfe meine Vergangenheit nicht weg – meine Vergangenheit ist immer noch da, meine Erlebnisse, meine Erfahrungen und das Leben, das ich lebte, sind nicht ausgelöscht. Nur der Name hat sich geändert.

Wie sollen wir denn über dein Leben vor deinem Coming-out sprechen?, fragen mich Menschen oft. Mich verwirrt diese Frage, weil ich mir nicht vorstellen kann, wann und in welchem Kontext andere Menschen – die ich oft gar nicht kenne – über meine Vergangenheit sprechen sollten. Doch wer über meine Vergangenheit sprechen möchte, der sollte über mich als Linus sprechen – und das richtige Pronomen nutzen. Wenn über etwas gesprochen wird, was ich 2016 tat, ist mein Name immer noch Linus und das korrekte Pronomen *er*. Wenn über etwas gesprochen wird, was ich 1999 getan habe, ist mein Name immer noch Linus und das korrekte Pronomen *er*. Menschen, denen es wichtig ist zu betonen, dass ich 2016 noch einen anderen Namen trug als jetzt, sollten sich hinterfragen, warum ihnen das wichtig sein könnte. Mir fällt dafür nämlich kein einziger Grund ein.

Trans ist ein Adjektiv

Das Wichtigste vorweg: *Trans* ist kein Nomen, sondern ein Adjektiv. Es gibt – außer am Satzanfang – keinen Grund, dieses Wort groß zu schreiben. «Trans kann kein Adjektiv sein, sonst müsste man es deklinieren», wenden viele an dieser Stelle ein. Doch nicht alle Adjektive werden gebeugt: trans und cis gehören zu den Ausnahmen, die nicht gebeugt werden. Genauso wie die Adjektive super, lila oder orange. Niemand käme auf die Idee von einem Supervortrag, einem Lilahemd oder einer Orangenkatze zu sprechen – aus genau denselben Gründen heißt es auch nicht Transfrau oder Transmann, sondern trans Frau, trans Mann, trans Mensch oder trans Person.

Ein trans Mann ist ein Mann, der trans ist – eine trans Frau ist eine Frau, die trans ist. Das trans ist lediglich eine Eigenschaft von vielen. Ein trans Mann kann auch ein kleiner Mann sein, ein schlanker Mann, ein kluger Mann, aber niemand käme auf die Idee, vom Kleinmann, Schlankmann oder Klugmann zu sprechen – ein Superheld ist etwas anderes als ein super Held.

Wer von Transmännern oder Trans-Männern spricht, reduziert

diese Männer sprachlich darauf, dass sie trans sind. Als wären sie eine Art Sondergattung, eine Extrakategorie. Noch schlimmer ist es, wenn in Medien von «den Transgendern» gesprochen wird. Transgender ist kein Nomen und sollte auch nicht als solches verwendet werden – stattdessen könnte man von trans Menschen, trans Personen oder der trans Community sprechen.

Statt trans verwenden viele auch trans* – das Sternchen steht dabei als Platzhalter für die unterschiedlichen Endungen: transident, transgender oder auch transsexuell. Wobei transsexuell eine mittlerweile veraltete Bezeichnung ist, die nur noch als Selbstbezeichnung, aber nicht als Fremdbezeichnung verwendet werden sollte. Der Begriff transsexuell sorgt immer wieder für Missverständnisse, da er den Eindruck erweckt, trans zu sein hätte etwas mit der Sexualität zu tun. Viele glauben deshalb auch fälschlicherweise, das Gegenteil von transsexuell sei heterosexuell.

In den Medien ist es leider immer noch nicht ganz einfach, die Benutzung von trans als Adjektiv durchzusetzen. Viele Redaktionen haben strenge Stilvorgaben und tun sich schwer damit, eine neue Schreibweise zu etablieren. Ich habe diesbezüglich immer wieder interessante Erfahrungen gemacht: Einmal habe ich ein Interview von mir gegengelesen und dreimal das Wort «Transmann» in «trans Mann» umgeändert – die Redakteurin glaubte tatsächlich, dass ich mich einfach immer wieder verschrieben hätte.

Auf Twitter schrieb jemand über die Frage, ob man trans als Adjektiv verwenden kann: «Wobei ich es etwas problematisch finde, auf ein Adjektiv zu bestehen, was in der gewünschten Verwendung gar nicht ins Sprachgefühl passt.» Ich verstehe das, aber ich würde mir wünschen, dass cis Menschen es irgendwann schaffen werden, ihr eigenes Sprachgefühl zurückzustellen, um Menschen so zu bezeichnen, wie sie bezeichnet werden wollen. Sprachgefühl ist etwas Wandelbares, es verändert sich. Sprache ist nichts Statisches. Die amerikanische Autorin Rebecca Solnit schreibt: «Wer die Welt verändern will, muss auch die Begriffe und die Art, wie eine Geschichte erzählt wird, verändern, muss neue Namen, Formulierungen und Redewendungen finden und populär machen. Zu einem Befreiungsprozess gehört auch, neue Bezeichnungen zu prägen oder eher vage Begriffe zu konkretisieren.» Dass wir Begriffe wie trans, cis, nichtbinär oder genderqueer haben, sollte eigentlich etwas Schönes und Bereicherndes sein und keine Bedrohung – doch Rebecca Solnit erinnert mich mit ihren Worten auch daran, dass Veränderung ein Prozess ist und dass Prozesse Zeit kosten.

Ich wünsche mir, dass es irgendwann eine Selbstverständlichkeit ist, dass cis Menschen nicht immer wieder das Bedürfnis haben, über Grammatikregeln zu diskutieren oder Begriffe in Frage zu stellen. Für mich hat das etwas mit Anstand und Respekt zu tun, die Wünsche von betroffenen Menschen zu akzeptieren und sie nicht immer wieder zur Diskussion zu stellen – genauso wie es etwas mit Anstand und Respekt zu tun hat, trans Menschen nicht mit ihrem Deadname anzusprechen.

Und was ist eigentlich cis?

Wenn wir schon beim Thema sind: *Cis* ist keine Abkürzung, sondern das lateinische Gegenteil von trans. Cis bedeutet übersetzt «von dieser Seite», während die Übersetzung von trans «auf der anderen Seite» lautet. Es gibt keinen Grund, das Wort groß zu schreiben – es ist genauso wie trans ein Adjektiv. Es gibt auch keinen Grund, *CIS* zu schreiben – es handelt sich nicht um eine neue Krimi-Serie.

Wenn ich nach dem Wort *cis* google, finde ich recht schnell viele Beiträge entsetzter cis Menschen: «Ich möchte mich nicht als cis bezeichnen lassen!» – «Ich bin kein cis Mensch!» – «All diese neumodischen Wortschöpfungen. Ist cis überhaupt ein richtiges Wort?» – «Cis ist ein Schimpfwort.» Zur Beruhigung: Cis ist kein Schimpfwort. Ich fürchte nur, dass es den meisten cis Menschen lieber wäre, wenn das Gegenteil von trans *normal* wäre. Normen brauchen keine Schubladen, nur Dinge, die von der Norm abweichen, brauchen Schubladen – so denken viele Menschen. Das Wort cis beschreibt Menschen, die sich mit dem bei ihrer Geburt zugewiesenen Geschlecht identifizieren – alle, die sich dieser Definition anschließen können, können sich auch völlig angstfrei als cis bezeichnen.

Genau wie bei dem Wort trans spricht man auch hier von cis Mann, cis Frau, cis Mensch oder cis Person. Ich würde mir wünschen, dass diese drei Buchstaben bei bestimmten Themen von noch mehr Menschen benutzt werden würden. «Wenn Männer schwanger werden könnten …», ist ein Satz, den ich zum Beispiel immer wieder lesen muss. Oder: «Wenn Männer eine Periode bekämen …» Diese Sätze würden deutlich genauer werden, wenn man stattdessen «Wenn cis Männer schwanger werden könnten …» schriebe – denn trans Männer (und auch nichtbinäre Menschen) können schwanger werden und fallen sprachlich einfach hinten runter, wenn an diesem Punkt ungenau formuliert wird.

An dieser Stelle bin ich wieder bei der Frage, wie viel Macht Sprache hat: Sprache schafft Realitäten – durch Sprache ist es möglich, Menschen mit einzuschließen, es besteht aber gleichzeitig die Gefahr, Menschen sprachlich auszuschließen, sie zu vergessen oder unsichtbar zu machen.

In Medien stoße ich immer wieder auf bestimmte Sprachbilder, die Realitäten schaffen, die es trans Menschen oft schwermachen. Da ist zum einen das Wort *Geschlechtsumwandlung*, das alle am besten sofort aus ihrem Wortschatz streichen sollten. Stattdessen ist es besser, von *(Gender) Transition* zu sprechen. Der Begriff Geschlechtsumwandlung ist falsch, ungenau und irreführend, denn es wird nichts umgewandelt, sondern trans Menschen entscheiden sich für einen Prozess, während dem sie bestimmte soziale oder auch körperliche Merkmale angleichen (so weit wie gewollt und möglich). Deshalb macht es zum Beispiel auch Sinn zwischen einer medizinischen und sozialen Transition zu unterscheiden. Leider ist die Gesellschaft oft noch nicht bereit dafür, über sensible Begriffsalternativen nachzudenken, deshalb lese ich das Wort Geschlechtsumwandlung immer noch viel zu häufig.

Ich selbst spreche am liebsten von Transition (der Begriff kann auch eingedeutscht verwendet werden). Ich interpretiere den Begriff als einen Prozess, der einen Übergang beschreibt. Umwandlung legt den Eindruck nahe, ich würde in einen Kleiderschrank steigen, einen Zauberstab in die Hand nehmen, «Hokuspokus» rufen und als neuer Mensch wieder hervorkommen – hinter diesem Bild steht auch der Gedanke, dass dieser Zauberstab eine Frau in einen Mann umwandelt und umgekehrt.

Diesen Gedanken finde ich schwierig. Das ist auch einer der Gründe, warum ich die Formulierung *als Frau geboren* oder *als Mann geboren* schwierig finde. Ich wurde nicht als Frau geboren, ich wurde als Baby geboren, und aufgrund bestimmter genitaler Merkmale wurde mir das falsche Geschlecht zugewiesen.

Nein, ich wurde nicht als Frau geboren. Ich glaube, dass dieser Satz für viele am schwersten nachzuvollziehen ist – viele kommen da gedanklich an ihre Grenzen. Ich bekam vor einiger Zeit Interviewfragen zugeschickt, und die erste begann folgendermaßen: «Du bist als Frau geboren und lebst nun als Mann.» Eine Nutzerin auf Instagram schrieb über trans Männer und formulierte das so: «Eine Frau, die sich als Mann fühlt und als Mann lebt.» Und auf Twitter erklärte mir jemand, dass ich ja gerade noch eine biologische Frau sei und dass ihre trans Freundin sich so lange als Mann bezeichnet hätte, bis die Angleichung komplett abgeschlossen war. Ich glaube tatsächlich, dass jede trans Person unterschiedlich empfindlich auf bestimmte Formulierungen reagiert. Umso wichtiger ist es, sensibel zu formulieren, wenn man über andere Menschen spricht, und gegebenenfalls lieber einmal zu oft nachzufragen.

Formulierungen, die vermieden werden sollten, sind zum Beispiel: *biologisch männlich* und *biologisch weiblich*, *genetisch männlich* und *genetisch weiblich*, *als Mann geboren* und *als Frau geboren*. Stattdessen könnte man beispielsweise vom *bei der Geburt zugewiesenen Geschlecht* sprechen.

Ich wurde nicht als Frau geboren und habe mich auch nie als Frau gefühlt, und jedes Mal, wenn jemand wieder irgendwo diesen Satz sagt, fühlt es sich – ohne zu übertreiben – an, als würde mir mein Herz herausgerissen. Mir ist natürlich klar, dass keines der oben genannten Beispiele böse gemeint sein muss. Die Vorstellung, dass ich als Frau geboren wurde und nun als Mann lebe, ist eine Vorstellung, die von unzähligen Artikeln in den Medien unterstützt und weiter gefestigt wird. Für viele ist es das einfachste Bild, um sich etwas vorzustellen, das anscheinend häufig unvorstellbar ist.

Ein trans Mann ist ein Mann. Ich bin kein Mann, der mal eine Frau gewesen ist. Ich bin kein Mann, der als Frau geboren wurde. Ich bin kein Mann, der gerade noch eine biologische Frau ist. Ich bin ein Mann. Hier kommen wir wieder zu dem Punkt, wie viel Macht Sprache hat: Es ist verletzend und respektlos, darüber bestimmen zu wollen, wie ich auf meine eigene Vergangenheit blicke. Es ist verletzend und respektlos, mir zu sagen, als was ich geboren wurde. Es ist verletzend und respektlos, mir meine eigene Geschichte und Identität wegzunehmen und einen Stempel daraufzudrücken, der lautet: *als Frau geboren*. Es ist verletzend und respektlos, mir zu sagen, welches *biologische Geschlecht* ich habe.

Es ist verletzend und respektlos, über einen trans Mann zu sagen, er sei eine Frau, die sich als Mann fühlt.

Klar: Jeder trans Mann spricht anders über die eigene Transition, für jeden sind unterschiedliche Dinge verletzend. Wichtig ist aber, hinzuhören und die Wünsche der Betroffenen zu respektieren. Wer einen trans Mann interviewen möchte oder über trans Männer schreiben will, sollte sich vorher informieren, welche Formulierungen besser vermieden werden sollten – und was bedenkenlos gefragt und geschrieben werden kann. Wir werden alle zunächst einmal als Babys geboren. Als Babys, denen anschließend ein Geschlecht zugewiesen wird. Ich habe mich relativ spät geoutet, und trotzdem bedeutet das nicht unbedingt, dass ich mich in den Jahren zuvor als Frau identifiziert habe. Auch wenn ich wirklich versucht habe, mich dieser Zuweisung zu fügen und mich irgendwie damit zu arrangieren.

Jemandem, der sich relativ spät als homosexuell outet, würde man doch hoffentlich auch nicht sagen: «Damals, als du noch heterosexuell warst.»

Besonders kritisch empfinde ich es, wenn der Begriff *biologisch* verwendet wird. Er wird häufig in ganz bestimmten Kontexten verwendet, Menschen sagen mir dann: «Ja, du fühlst dich vielleicht als Mann, aber biologisch bist du eindeutig eine Frau.» Aber was bedeutet es, biologisch eine Frau zu sein? Ab wann wäre ich biologisch keine Frau mehr? Ab der Einnahme von Testosteron? Ab dem Moment, in dem mir die Brüste entfernt werden würden? Ab dem Moment, in dem aus einem Stück meiner eigenen Haut ein Penis geformt werden würde? Und was wäre, wenn ich all das gar nicht möchte? Wenn ich sagen würde, dass es mir reicht, Hormone zu nehmen, ich aber keine Operationen wünsche? Würde mich das als Mann disqualifizieren und weiter eine biologische Frau sein lassen? Und wer darf eigentlich darüber bestimmen? Gibt es da ein Komitee? Oder eine Art Geschlechter-TÜV? Viele werfen an dieser Stelle ein, dass die Chromosomen diese Frage eindeutig beantworten könnten – aber wer von euch kennt seine Chromosomen? Wer von euch weiß, dass eure Chromosomen wirklich mit eurem Geschlecht übereinstimmen? Bei Babys wird, wenn sie auf die Welt kommen, kein Chromosomentest durchgeführt, sondern es wird auf der Basis bestimmter Merkmale ein Geschlecht festgelegt. Doch warum heißt in der Vorstellung vieler Menschen ein Hautlappen *Schamlippen,* und warum bezeichnen viele Menschen Schamlippen auch noch als *weiblich*? Der Hautlappen ist biologisch – er ist real, er hängt dort, darüber lässt sich nur schwerlich diskutieren. Aber diesen Hautlappen *Schamlippen* und *weiblich* zu nennen, ist nichts Biologisches, sondern etwas Soziales oder auch Kulturelles. Dass wir bestimmten Körperteilen bestimmte Geschlechter zuweisen, ist etwas, das von tiefverwurzelten gesellschaftlichen zweigeschlechtlichen Vorstellungen geprägt ist: Warum gibt es weibliche Brüste, aber keine weiblichen Nieren oder weiblichen Ohren? Kürzlich ist ein Buch über die *Weibliche Ejakulation* erschienen, und meine erste Frage war: *Wer ejakuliert denn da eigentlich?* Und welches Geschlecht hat meine Ejakulation? Oder die von nichtbinären Menschen? Warum wird einer intimen Anatomie überhaupt ein Geschlecht zugewiesen? Warum sagen wir nicht stattdessen *squirten*? Wenn Menschen sagen, dass ich biologisch eine Frau sei, dann meinen sie eigentlich, dass ich an bestimmten Stellen einen Hautlappen und an anderen Stellen Brustgewebe besitze. Der Hautlappen und das Brustgewebe sind biologisch, aber beides als weiblich zu bezeichnen, ist gesellschaftlich und kulturell bedingt.

Was ich mir wünschen würde: dass wir damit beginnen, diese gesellschaftlichen und kulturellen Geschlechterzuschreibungen zu hinterfragen – und irgendwann lernen, über diese binäre Zweigeschlechtlichkeit hinaus zu denken.

Ich bin auch nicht im falschen Körper geboren

Wenn über trans Menschen gesprochen wird, lese ich auch oft davon, dass sie im falschen Körper geboren wären oder sogar im falschen Körper gefangen seien. Mein Körper ist nicht falsch, ich bin in diesem Körper auch nicht gefangen. Es ist mein Körper, es ist kein Frauenkörper. Vielleicht ist es am ehesten ein trans Körper – mit Hautlappen und Brustgewebe?

In unserer Gesellschaft gibt es ganz bestimmte – binäre – Vorstellungen davon, was Frauenkörper und Männerkörper sind. Ich halte mich nicht an diese Vorstellungen, ich wünsche mir Autonomie über meinen Körper und über die Sprache, in der ich über meinen Körper spreche und in der über meinen Körper gesprochen wird.

Ich las einmal den Satz, dass ein Körper ein Zuhause sei – mein Körper ist mein Zuhause. Ich habe mich dafür entschieden, dieses Zuhause zu renovieren. Ich mache mir mein Zuhause gemütlicher, wohnlicher. Und um ehrlich zu sein: Ich liebe es, mir mein Zuhause neu einzurichten – es ist sehr befriedigend und macht mir jede Menge Spaß.

Genauso wenig, wie ich misgendert werden möchte, möchte ich, dass mein Körper misgendert wird. Meinen Körper als etwas zu bezeichnen, das er nicht ist – mich eine biologische Frau oder meinen Körper einen Frauenkörper zu nennen –, ist sprachliche Gewalt.

Ich bin in dem Körper eines Babys geboren, und dieser Körper ist immer noch meiner, ich lebe immer noch in ihm – ich werde bis an mein Lebensende in ihm leben. Ich wünsche mir so sehr, dass dieser Körper von der Mehrheitsgesellschaft nicht mit falschen Begriffen oder Bezeichnungen beschrieben wird.

Welches Pronomen benutzt du?

Obwohl wir oft von männlichen und weiblichen Pronomen sprechen, können alle Pronomen für alle Geschlechter verwendet werden. Ich benutze die Pronomen *er/ihm* – es gibt aber zum Beispiel Lesben, die ebenfalls die Pronomen *er/ihm* für sich benutzen. Viele nichtbinäre Menschen nutzen das Pronomen *they* – das *Merriam-Webster*-Wörterbuch hat *they* 2019 als Wort des Jahres ausgezeichnet. Es gibt leider immer noch keine gute deutsche Entsprechung.

Wenn jemand die falschen Pronomen für eine andere Person verwendet, wird das als misgendern bezeichnet – Trolle im Internet verwenden für mich häufig sie/ihr-Pronomen, um mir meine Identität abzusprechen. Im Alltag passiert es mir dagegen immer seltener, dass ich misgendert werde. Das liegt vor allem daran, dass sich in den vergangenen Monaten mein *Passing* verbessert hat – Menschen, die mir im Alltag begegnen, halten mich nicht für trans. Zu meinem Passing trägt seit einiger Zeit mein Bart bei, der dazu führt, dass ich oft als Mann gelesen werde.

Wer sich unsicher ist, wie eine Person angesprochen werden möchte, sollte am besten nachfragen: Welches Pronomen benutzt du? Ich wurde das auch schon gefragt und habe mich immer sehr darüber gefreut.

Manchmal denke ich darüber nach, wie meine Wunschvorstellung – meine Utopie – aussehen würde: Ich würde mir wünschen, dass Kinder in einer Welt aufwachsen, in der anderen Menschen nicht aufgrund äußerer Merkmale Geschlechter zugewiesen werden. Ich wurde schon von vielen Kindern gefragt, ob ich ein Mann oder eine Frau bin – und ich hatte schon fast genauso viele Kinder vor mir stehen, die gemobbt oder ausgegrenzt wurden, weil sie sich nicht «typisch» für ein Mädchen oder für einen Jungen verhielten. Ich wünsche mir nicht, dass Geschlechter abgeschafft werden, aber ich wünsche mir, dass wir die Vorstellungen abschaffen, die wir mit bestimmten Geschlechtern verbinden. Warum sollte ein Junge kein Kleid tragen dürfen? Oder lange Haare haben? Oder Ballett tanzen? Warum sollten Mädchen nicht Fußball spielen oder sich die Haare kurz schneiden dürfen? Unsere Gesellschaft ist geprägt von bestimmten Vorstellungen, die wir mit bestimmten Geschlechtern verbinden – und alle, die sich nicht daran halten, fallen aus der Norm. Ich würde mir wünschen, dass Kinder irgendwann nicht mehr vor mir stehen und «Bist du ein Mann oder eine Frau?» fragen, sondern stattdessen fragen: «Hallo, welches Pronomen nutzt du denn?»

Ich bin nicht mutig!

So richtig fiel es mir zum ersten Mal auf der ersten Buchmesse auf, die ich nach meinem Coming-out besuchte: Ich ging durch die Messehallen, und es kamen immer wieder Menschen auf mich zu, um mir zu sagen, wie mutig sie mich finden. Manche schoben noch hinterher, dass das bestimmt ein sehr schwerer Weg sei. Ein Weg, den sie sich selbst niemals vorstellen könnten. Bei all diesen Begegnungen habe ich mich immer höflich bedankt, weil ich nie wusste, wie ich anders reagieren sollte.

Seitdem ich öffentlich sage, dass ich trans bin, habe ich den Satz «Du bist so mutig» in endlos vielen Variationen gehört. In den meisten Fällen kommt dieses gutgemeinte Kompliment von cis Personen, denen es wichtig ist, mir zu sagen, wie verdammt beeindruckt sie von meinem Mut sind und davon, dass ich mich traue, ich selbst zu sein und zu mir zu stehen. Es klingt wie ein Kompliment, mutig genannt zu werden, und ich glaube, dass alle, die mich mutig nennen, es auch als Kompliment meinen – sie möchten mir auf diesem Weg ihre Bewunderung und Unterstützung ausdrücken. Doch jedes Mal, wenn dieser Satz fällt, verfestigt sich die Vorstellung, dass sich die Erfahrungen eines trans Menschen fundamental von allem unterscheiden, was cis Menschen erleben – und somit nicht normal sei. Würde man einem cis Mann sagen, dass er mutig ist, weil er die Kleidung trägt, in der er sich wohl fühlt? Würde man einem cis Mann sagen, dass er mutig ist, weil er Fotos von sich online stellt und von seinem Leben erzählt? Höchstwahrscheinlich nur dann, wenn sich das, was er erzählt, von dem unterscheidet, was wir als «normal» wahrnehmen.

Als trans Mann zu leben, ist keine mutige Entscheidung, sondern eine notwendige. Ist es mutig, aus einem brennenden Gebäude herauszurennen? Ich finde: nein. Es bedeutet einfach nur, dass man nicht sterben möchte. Überlebenswille ist aber kein Mut. Mutig wäre der Feuerwehrmann, der in ein brennendes Gebäude geht, um andere Menschen zu retten. Dass ich mich dafür entschied, diesen Weg zu gehen, war meine letzte Option. Ich gehe diesen Weg nicht, weil ich mutig und stark bin. Ich gehe diesen Weg nicht, weil ich eine Inspiration sein möchte. Ich gehe diesen Weg, weil es keinen anderen gibt für mich. Ich selbst zu sein und zu mir zu stehen, macht mich nicht zu einem mutigen Menschen, weil es nichts ist, für das ich mich wirklich entschieden habe.

Was mich Mut gekostet hat, war mein Coming-out. Es hat mich Mut gekostet, im Starbucks zum ersten Mal Linus zu sagen. Es hat mich Mut gekostet, mein erstes Herrenhemd zu kaufen. Es hat mich Mut gekostet, meinen Blogbeitrag zu veröffentlichen. Aber es kostet mich keinen Mut, dieses Leben jetzt zu leben. Was mich Mut gekostet hat, war, diese eine große Hürde zu nehmen. In den Köpfen vieler Menschen ist ein Coming-out immer noch eine Art Grenzüberschreitung. Das wird mir auch immer wieder bewusst, wenn in den Medien steht: «Er bekennt sich zu seiner Sexualität», «Er gesteht seine Sexualität» oder auch «Er offenbart seine Sexualität». Natürlich kosten Bekenntnisse, Geständnisse und Offenbarungen Mut, aber nach dem Mut muss doch irgendwann eine Art Normalität kommen: Ich möchte mich in dem durch die Grenzüberwindung erschlossenen Feld einfach wohl fühlen, zu Hause fühlen, angekommen fühlen. Ich möchte weder mutig noch inspirierend sein, ich möchte einfach nur mein Leben leben dürfen.

Please educate me

Das Grundsätzliche vorweg: Lesen hilft! Also herzlichen Glückwunsch zum Erwerb dieses Buches.

«Warum ist das denn transfeindlich?», ist wohl eine der häufigsten Fragen, die mir in den letzten Jahren gestellt wurde. Dicht gefolgt von allerlei anderen Fragen, die oft folgendermaßen anfangen: «Kannst du mir erklären ...?»

Um das gleich zu Beginn klarzustellen: Kein trans Mensch ist dazu verpflichtet, Aufklärung zu leisten – manche entscheiden sich dafür, andere wiederum wünschen sich, einfach in Ruhe ihr Leben leben zu können. Doch es ist egal, wie neugierig ihr seid, es ist egal, wie viele Fragen ihr habt, es ist egal, wie sehr ihr euch ein Gespräch wünscht – ihr müsst akzeptieren, dass trans Menschen euch nichts schulden.

Ich habe mich bewusst dazu entschieden, mein Coming-out öffentlich zu machen, und mich somit auch dafür entschieden, Aufklärungsarbeit zu leisten. Allerdings fiel es mir irgendwann immer schwerer, online über meine Erfahrungen zu sprechen. Wenn ich auf Twitter von einer Situation erzählte, die ich als diskriminierend erlebte, versammelten sich darunter immer schnell eine Handvoll cis Menschen, die das nicht nachvollziehen konnten: *Hä? Was ist denn daran diskriminierend? Das ist doch nur nett gemeint. Das war bestimmt nicht böse gemeint. Viele Menschen wissen es einfach nicht besser. Findest du es nicht übertrieben, sofort von Transfeindlichkeit zu sprechen?*

Es ist für viele Menschen unglaublich schwierig, sich die Erfahrungen marginalisierter Menschen einfach nur anzuhören. Stattdessen müssen diese Erfahrungen immer wieder diskutiert, analysiert oder in Frage gestellt werden. Ich empfinde das oft als sehr ermüdend. Und ich merke, ich bin mit diesem Gefühl nicht alleine: Vergangenes Jahr erschien ein Buch von Reni Eddo-Lodge, das den Titel *Warum ich nicht mehr mit Weißen über meine Hautfarbe spreche* trägt. Auch wenn es bei Eddo-Lodge um Rassismus geht, sind die Kommunikationsmuster doch oft dieselben. Den Buchtitel könnte ich eins zu eins auch auf meine Erfahrungen übertragen – mein Buch könnte auch *Warum ich nicht mehr mit cis Menschen über mein Geschlecht spreche* heißen.

Ich habe mir im Laufe der letzten Monate immer mehr abgewöhnt, den Begriff *transfeindlich* zu benutzen, weil er ähnliche Reaktionen – und Diskussionen – auslöst wie das Wort *rassistisch*. Es geht dann oft nicht mehr darum, sich inhaltlich mit dem Vorwurf auseinanderzusetzen, sondern nur noch darum, vehement die Zuschreibung transfeindlich von sich zu weisen. Dabei verstehe ich unter dem Begriff erst einmal eine reine Zustandsbeschreibung: Worte, Bilder und Handlungen können transfeindlich sein – sie können trans Menschen abwerten, ausschließen, unsichtbar machen. Es geht nicht darum, ob dahinter eine böse Absicht steht – es gibt keine bösgemeinte und nettgemeinte Transfeindlichkeit.

«Welche Pronomen verwendet man für die Trans-Personen VOR der Transition?», fragte neulich jemand auf Twitter. Es ist befremdlich zu denken, dass es so etwas wie die eine trans Person geben könnte. Die fragende Person macht es sich zu leicht, weil sie glaubt, eine allgemeingültige Antwort auf diese Frage bekommen zu können, die sie davon entbindet, in Zukunft nachfragen zu müssen. Frei nach dem Motto: «Kennst du eine trans Person, kennst du alle trans Personen.» Wahrscheinlich ist das gar nicht so gemeint, wahrscheinlich ist das sogar eine gutgemeinte Frage: Da möchte jemand sich allgemein und generell absichern. Das Problem dabei: Allgemein und generell gibt es in diesem Fall, wie in vielen, nicht. So leid es mir tut: Es gibt hier keine Schublade, sondern es kommt auf die Präferenz des Individuums an.

Als ich auf Twitter von einer trans Frau erzählte, die in Deutschland in einem Männergefängnis saß, wurde ich aufgefordert, auch etwas zu der Situation von trans Männern zu sagen, die in deutschen Gefängnissen sitzen. Ich empfinde diese Anspruchshaltung als absurd – nur weil ich ein trans Mann bin, der sich für die Rechte von trans Menschen engagiert, bin ich kein Experte für die Situation inhaftierter trans Männer.

Wenn ich Menschen erkläre, dass ich keine Lust darauf habe, ihre Fragen zu beantworten, bekomme ich darauf oft die immer gleiche Reaktionen: «Wenn du meine Frage nicht beantworten möchtest, darfst du dich nicht wundern, wenn Menschen wie du diskriminiert werden.» Oder: «Wie soll ich das denn lernen, wenn du es mir nicht erklärst?» Oder: «Wenn du es mir nicht erklärst, kann ich es nicht verstehen.» Es wird dann gerne so getan, als hätte ich eine großartige Chance verpasst, andere Menschen für mein nischenartiges Thema zu begeistern. Das Problem ist nur: Ich bin kein Pressesprecher und auch kein Vertreter eines Werbeproduktes, es geht hier um meine Existenz.

Für viele Menschen ist es anscheinend unvorstellbar, dass sogenannte Bildungsarbeit möglicherweise nicht mein einziger Lebensinhalt ist. Dazu kommt die Tatsache, dass das Wort *Arbeit* suggeriert, dass ich dafür bezahlt werde – das werde ich aber nicht. Es ist eine Arbeit, bei der ich nicht krankenversichert bin, und Anspruch auf Urlaubstage habe ich leider auch nicht. Audre Lorde formuliert es so: «[People of color] are expected to educate white people as to our humanity. Women are expected to educate men. Lesbians and gay men are expected to educate the heterosexual world. The oppressors maintain their position and evade their responsibility for their own actions.»

Die Idee, andere Menschen erst vollends verstehen zu müssen, um sie akzeptieren zu können und nicht mehr zu diskriminieren, begegnet mir sehr oft, und sie erscheint mir falsch. Es gibt viele Dinge, die ich nicht verstehe, die ich aber dennoch akzeptieren kann. *Ich erwarte, dass du dich mir so lange erklärst, bis ich dich verstehe* ist eine Haltung, die mir immer wieder begegnet und die auch ganz viel mit einer gewissen Machtausübung zu tun hat. Passend dazu erklärte mir eines Tages ein Gesprächspartner, dass ich nett zu ihm sein müsste, weil ich doch schließlich etwas von ihm will (korrekt angesprochen und bezeichnet werden) – und nicht umgekehrt.

Wenn es um sprachliche Fragen geht, kostet es mich zum Beispiel fünf Sekunden, um in einer Suchmaschine die Worte *trans + Leitfaden* einzugeben und eine sehr informative und hilfreiche Quelle zu finden, die viele Fragen beantwortet. Warum tun das viele Menschen nicht? Warum glauben sie stattdessen, mich in Gespräche verwickeln zu müssen? Warum glauben sie, ein Anrecht auf mich und meine Zeit zu haben? Ein Grund, warum ich dieses Buch schreibe, ist auch die Hoffnung, danach endlich keine Fragen mehr beantworten zu müssen. Ich werde meine Zeit nicht mehr darauf verwenden, Menschen zu erklären, dass ich eine Existenzberechtigung habe.

Das klingt möglicherweise etwas grummelig, und so ist es auch gemeint. Es ist so ermüdend, die immer wieder gleichen Dinge erklären zu müssen. Und es sind die immer gleichen Menschen, von denen verlangt wird, dass sie sich erklären und lernwillige und gutmütige Menschen an die Hand nehmen, die es einfach nicht besser wissen.

Die Aktivistin Parker Marie Molloy hat dafür einen schönen Vergleich gefunden: «Think of it this way: I may not have ever had a professional baseball player sit me down and explain the rules and the history of the game, but I've still managed to learn the difference between a ‹ball› and a ‹strike›. How did I accomplish this?

By consulting the glut of information readily available on the subject online and in print. Interrupting people while they are playing the game to ask basic questions is rude, and moreover, would not be viewed as something players should take the time to address. If I want to call myself a baseball fan, the onus is on me to get up to speed. The resources exist, and if I persist in not understanding baseball, it's willful ignorance on my part.»

Wenn ihr Fragen habt, dann versucht euch selbst zu helfen: Ein erster guter Schritt ist, dass ihr mein Buch in den Händen haltet und lest. Es gibt auch tolle Filme, es gibt Serien, und es gibt Bücher, die einem so viel erzählen und beibringen können. Wenn ihr trans Menschen in eurem Umfeld habt, dann überlegt, ob ihr ihnen eure Fragen stellen könnt, aber stellt bitte keine Erwartungen und Ansprüche an Menschen im Internet, die euch weder Zeit noch Antworten schulden.

Ich bin kein Sonderzeichen

Zuletzt bin ich immer häufiger darüber gestolpert, dass hinter Begriffen wie Mann und Frau oder auch Vater und Mutter plötzlich ein Sternchen gesetzt wird. Meistens wird dieses Sternchen von sehr wohlmeinenden Menschen gesetzt, die eine inklusive Sprache nutzen wollen und auch wirklich alle mitmeinen möchten. Doch wer sind eigentlich Frauen*? Wer sind Männer*? Was unterscheidet einen Vater von einem Vater*?

Die häufigsten Antworten darauf, die ich bisher erhielt, sind: «Ich möchte alle Frauen ansprechen, die sich als Frauen fühlen.» Oder auch: «Mit dem Sternchen werden auch alle angesprochen, die keine biologischen Frauen sind.» Oder: «Das Sternchen meint alle mit, die sich dem Wort Frau zugehörig empfinden.» Aber werden Frauen – die sich als Frauen fühlen, die sich als Frauen empfinden, die Frauen SIND – nicht sowieso schon durch den Begriff Frau angesprochen?

Als trans Mann kann ich nur sagen: Ich möchte kein Sonderzeichen sein. Ich bin kein Mann*, und wäre ich ein Vater, würde ich nicht als Vater* bezeichnet werden wollen. Das Sternchen ist gut gemeint, aber es vergrößert nur den Graben – zwischen echten Männern und trans Männern, zwischen echten Frauen und trans Frauen –, der sowieso schon von so vielen gezogen wird. Mein Vorschlag – statt nun einfach Sternchen an irgendwelche Worte zu hängen – wäre es, sich die Zeit zu nehmen, um explizit zu schreiben, wer hier eigentlich gemeint ist und mitgemeint werden soll.

Das wäre gerade bei den Themen Abtreibung, Schwangerschaft, Geburt oder Periode wichtig. Es gehört nicht viel dazu, bei diesen Themen transinklusiv zu formulieren – statt nur von Frauen zu sprechen, wäre es möglich, von Frauen und Menschen mit Uterus zu sprechen. Oder von Frauen, trans Männern und nichtbinären Menschen. Es sind eben nicht nur Frauen, die schwanger werden können oder ihre Periode bekommen, dazu gehören auch trans Männer und nichtbinäre Menschen. Sprache hat die Macht, diese Menschen auszuschließen und unsichtbar zu machen – Sprache schafft aber auch die Möglichkeit, diese Menschen sichtbar zu machen und mitzumeinen. Aber so ein Veränderungsprozess kostet Zeit und erfordert ein Umdenken.

Viele machen es sich in meinen Augen zu einfach, wenn sie an das Wort Frau ein Sternchen hängen und glauben, damit seien alle mitgemeint, die schwanger werden können. Ich halte nichts davon, es sich so einfach zu machen, und ich halte nichts davon, das Sternchen zu sein, das an das Wort Frau drangehängt wird. Ähnlich ergeht es mir mit dem Wort *weiblich*, das zurzeit immer öfter benutzt wird – einige sprechen zum Beispiel von der weiblichen Periode, und ich glaube, den meisten fällt dabei nicht einmal auf, dass das eine transexklusive Formulierung ist.

Ich glaube, dass unsere Realität immer flexibler und breiter wird – es gibt trans Männer, die schwanger werden, und es gibt nichtbinäre Menschen, die ihre Periode bekommen. Ich glaube, dass es Aufgabe von uns allen ist, diese veränderte Realität irgendwann auch in der Sprache darzustellen. Es sind nur kleine Schritte, die dafür nötig sind. Ein erster Schritt wäre, nicht mehr nur von Frauen zu sprechen, wenn es um die Periode geht, sondern auch von trans Männern. Und auch von nichtbinären Menschen. Oder auch einfach von Menschen mit Uterus.

Bodyshaming

Bin ich Mann genug, um von der Gesellschaft akzeptiert zu werden? Ich stand in einer Kulisse, die wie ein amerikanisches Diner aussah, und sagte diesen Satz dreimal hintereinander laut in eine Kamera. Währenddessen waren drei Lichtstrahler auf mich gerichtet. «Du bist ein glanzy boy», sagte die Stylistin zu mir und puderte mich schnell noch einmal ab, bevor wir den Satz ein viertes Mal aufnehmen mussten. Aus den Aufnahmen wurde am Ende ein Onlinevideo zum Thema Bodyshaming.

Bodyshaming? Als ich für das Video angefragt wurde, überlegte ich lange, ob ich die Einladung annehmen sollte – am Ende entschied ich mich dafür. Ich zögerte, weil ich mich fragte, ob ich tatsächlich von Bodyshaming betroffen bin. Ich habe noch immer keine Antwort darauf gefunden, vielleicht hängt es auch davon ab, wie der Begriff Bodyshaming definiert wird.

Ich drehte gemeinsam mit Chris und Nicola. Chris ist übergewichtig und betreibt eine eigene Tanzschule – auf den ersten Blick würden ihm das viele wahrscheinlich nicht zutrauen. Nicola dagegen war ihr ganzes Leben lang (zu) dünn, sie wird von ihrem Umfeld immer wieder darauf hingewiesen, wie dürr sie sei und ob sie nicht mal etwas essen wolle. Als ich Chris und Nicola traf, dachte ich, dass ich dort vielleicht doch ganz gut reinpasste. Ich bin ein Mann, aber ich muss das immer wieder neu beweisen, weil mir das von einem Teil der Gesellschaft abgesprochen wird.

Als trans Mensch sichtbar zu sein, ist ein großes Risiko. Viele trans Menschen teilen online keine Fotos von sich, weil sie Angst vor Anfeindungen und Übergriffen haben. Es kostet Überwindung, sich öffentlich zu zeigen. Ich habe mich dazu entschieden, mich online zu zeigen – aber die Reaktionen auszuhalten, ist nicht immer leicht:

Wenn man als Frau aussieht wie ein schlecht verkleideter Typ, dann sollte man das Geschlecht vielleicht doch wechseln. – Vollschwuchtel. – Schwuppe. – Besoffen würde ich die ficken. – Horror. – Verwirrtes Mädchen. – Hässlicher Bengel. – Eine hässliche Frau, die mit ihrer Psyche nicht klarkommt. – Ich hätte mir erst mal die Nase machen lassen. – Sieht auch behindert aus. – Der oder das hat sich einfach paar Sackhaare ans Kinn geklebt. – Diese Stimme. – Schamhaartransplantation dauert ein paar Jahre, bis sie voll anschlägt.

Menschen machen sich über mein Aussehen lustig, über meine Stimme, über meine Barthaare. Ich weiß nicht, was passieren würde, wenn ich das ganze Zeug wirklich hören könnte, das Menschen online über mich schreiben. Wenn man diese Menschen währenddessen filmen und es mir anschließend vorspielen würde, würde ich mich vielleicht umbringen. Es ist nach all der Zeit immer noch schwer, mir diese Kommentare nicht zu Herzen zu nehmen. Es ist schwer, nicht darauf zu achten, wie meine Stimme klingt, oder mir meine Nase nicht immer und immer wieder im Spiegel anzuschauen. Stimmt damit etwas nicht? Was stört die Menschen an mir? Was kann ich tun, damit diese Kommentare aufhören?

Vor meinem Coming-out teilte ich jahrelang Fotos von mir online, mein Aussehen, meine Kleidung, meine Nase oder meine Stimme wurden nie kommentiert, schon gar nicht verächtlich. Was macht mich plötzlich zu einer Zielscheibe? Was lädt die Menschen dazu ein, mich abzuwerten und zu beleidigen?

Ich glaubte mein Leben lang, dass ich hässlich sei. Ich trug Klamotten, die wie ein nasser Sack an mir hingen. Wenn ich heutzutage Fotos aus meiner Vergangenheit anschaue, dann empfinde ich Mitleid mit dem Menschen auf diesen Bildern. Es fällt mir schwer, mich selbst auf diesen Bildern zu mögen. Wie hätten mich andere Menschen mögen können?

Nach meinem Coming-out fing ich damit an, Selfies zu machen. Es waren meine ersten Selfies, ich hatte mich davor tatsächlich noch nie selbst fotografiert. Ich fing an, Selfies zu machen, um mich besser kennenzulernen, um mich anzuschauen, um mich zum ersten Mal wirklich zu sehen. Fotos, die von mir gemacht wurden, wollte ich früher fast nie anschauen. Auch in den Spiegel schaute ich nur selten. Durch die Selfies, die ich nun von mir machte, fand ich zum ersten Mal heraus, wie ich eigentlich aussehe, und ich war manchmal fast schon selbst davon überrascht, wie groß mein Bedürfnis danach war, nicht nur von mir selbst gesehen zu werden, sondern auch von anderen.

Und ich entdeckte dabei sogar kleine Dinge an mir, die ich mochte, die mir gefielen. Ich mag meine Grübchen und meine Haare. Manchmal mag ich auch meine Lippen – oder meine Ohren. Besonders oft fotografierte ich mich in Umkleidekabinen. Ich probierte Jacken, Hemden und Hosen an – und ich probierte Posen aus. Wie posieren Männer eigentlich? Wie schauen Männer in die Kamera? Habe ich so etwas wie eine Schokoladenseite? Was möchte ich von mir auf Fotos zeigen? Als ich anfing, diese Fotos auf Twitter zu teilen, bekam ich nicht nur hässliche Reaktionen, sondern auch sehr viele schöne Rückmeldungen. Menschen schrieben mir, dass ihnen mein Stil gefiele, meine Kleidung. Manche schrieben sogar, ich sei schön. Ich formuliere das ein bisschen zweifelnd, weil das etwas ist, das ich oft immer noch nicht glauben kann.

Bin ich Mann genug, um von der Gesellschaft akzeptiert zu werden?, ist keine Frage, die ich mir selbst stelle. Ich stelle diese Frage mit jedem Selfie von mir der Öffentlichkeit. Ich setze mich selbst der öffentlichen Bewertung aus, immer und immer wieder. Ich nehme die hässlichen Kommentare in Kauf, weil ich die positive Bestätigung brauche. Ich brauche sie, um mich selbst spüren zu können. Ich brauche sie, um mich gut zu fühlen. Ich brauche sie, um meinen Körper wahrnehmen zu können. In den Monaten nach meinem Coming-out veränderte ich meine Frisur und meinen Kleidungsstil immer weiter – heute bin ich bekannt für meine bunten Hemden und meine Blumenjacken. Als ich zum ersten Mal ein Foto mit einer Blumenjacke teilte, hatte ich noch Angst davor, in Frage gestellt zu werden: Du bist ein Mann und magst Blumen?!

All die Menschen, die meine Selfies geliket und geteilt und kommentiert haben, haben dazu beigetragen, dass ich mich immer weiterentwickelt habe und mich dabei immer wohler fühlte. Selfies zu machen, ist für mich eine gewisse Art von Self-Care. Ich musste erst lernen, mich um meinen Körper zu kümmern.

Oft denke ich schlimme Dinge über mich selbst. Ich glaube dann, nicht liebens- oder begehrenswert zu sein, ich bekomme Angst davor, dass mein Körper Menschen abstößt, dass mein Aussehen Menschen abstößt. Diese Gefühle sind bis heute nicht verschwunden, vielleicht werden sie niemals ganz verschwinden. Ich kann nur versuchen, ihnen etwas Positives entgegenzusetzen. Ich tue das, indem ich zum Friseur gehe, mir die Nägel lackiere, neue Kleidung kaufe oder Selfies von mir mache. Ich tue das auch, indem ich ins Fitnessstudio gehe.

Als ich zum ersten Mal in ein Fitnessstudio ging, wäre ich vor Aufregung fast gestorben. Ich hatte Angst davor, die Herrenumkleide zu betreten, weil ich befürchtete, dass ich wieder hinausgeworfen werden könnte. Ich wurde schon einmal aus einer Herrenumkleide geworfen und stattdessen in die Damenumkleide geschickt. Diese Erfahrung hat mich geprägt. Würde ich den anderen Männern auffallen? Würden sie überhaupt auf mich achten? Weil ich nicht wusste, was mich erwarten würde, bereitete ich mich tagelang darauf vor, dass mir Fragen gestellt werden könnten.

Ich glaube, dass mich Bodyshaming doppelt trifft, weil ich beschimpft werde für das, was ich von mir zeige, und gleichzeitig versuchen muss, Teile von mir zu verstecken, um nicht von noch mehr Menschen beschimpft zu werden. Ich denke dabei vor allem an meine Brüste. Ich musste mühsam erlernen, welche T-Shirts und Pullover so geschnitten sind, dass sie meine Brüste halbwegs kaschieren und nicht noch stärker betonen. Sind Streifen vorteilhaft? Was ist mit einem Schriftzug auf dem T-Shirt? Welche Größe, welche Form, welcher Schnitt – was kann ich am besten tragen?

Ich zog mich schon zu Hause um, um es nicht im Fitnessstudio tun zu müssen. Als mich mein Trainer Steve begrüßte, schien ihm nichts aufzufallen. Oder sagte er nur aus Höflichkeit nichts? «Die Herren fangen bei uns mit 25 Kilogramm an, ist das okay für dich?» Für ihn war ich ein Herr, ich konnte also auch im Fitnessstudio bestehen – zwischen all den «echten» Männern.

Es hat knapp drei Jahre gedauert, bis ich eine Routine gefunden hatte, durch die ich fühlen kann, dass ich wirklich da bin. Wenn ich keine Selfies von mir mache, wenn ich keine neue Kleidung anprobiere, wenn ich mir nicht die Nägel lackiere, habe ich manchmal Angst, dass ich verschwinden könnte.

Manchmal träume ich von dem Mädchen, das ich gewesen bin. Manchmal laufen wir im Traum zusammen einen Bürgersteig entlang. Manchmal sitzen wir zusammen auf einer Parkbank, und ich halte ihre kleine Hand ganz fest. Manchmal toben wir mit einem Fußball über den Spielplatz. Manchmal liegen wir nebeneinander im Gras und schauen in die Wolken über uns. Manchmal möchte sie auch auf meinen Schultern sitzen – sie greift dann in meine Haare, um sich daran festzuhalten.

Ich wünschte, ich hätte das Kind, das ich war, beschützen können. Ich wünschte, ich hätte ihre Ängste und ihre Schmerzen lindern können.

Ich dachte, ich muss die Verbindung zu ihr kappen, um Linus sein zu können. Vielleicht hat sie deshalb irgendwann damit begonnen, sich in meine Träume zu schleichen.

Manchmal liege ich im Bett oder stehe vor meinem Spiegel und sage mehrmals laut meinen Namen. Wie eine Beschwörungsformel. *Linus.* Manchmal habe ich Angst, mir könnte Linus wieder weggenommen werden. Manchmal habe ich Angst, mir könnte mein neues Leben wieder weggenommen werden: *Du bist eine Tochter, du bist eine Frau – irgendetwas anderes zu glauben, ist eine Lüge.*

Nach meinem Coming-out hatte ich eine Zeitlang bei jedem Klingeln an der Tür Angst, weil ich die Vorstellung hatte, die Polizei würde mir gegenüberstehen, wenn ich öffne: *Frau Giese, Sie sind eine Betrügerin – bitte geben Sie Ihr Leben zurück.*

Meine Therapeutin war eine der ersten Menschen, der ich davon erzählen konnte. Ich erzählte ihr davon, wie schwer es mir fiele, mich selbst zu spüren, weil ich mich früher nie spüren durfte. Jede Woche bekam ich eine neue Hausaufgabe von ihr: Ich sollte vor der Theke in der Bäckerei stehen und in mich reinfühlen, worauf ich Lust hatte. Wonach ist mir? Was schmeckt mir? Was möchte ich? Ich bin oft so abgeschnitten von mir selbst, dass ich mich sehr konzentrieren muss, um herauszufinden, ob ich lieber ein Franzbrötchen oder ein Stück Erdbeerkuchen möchte.

Meine Therapeutin sagt, dass alle Menschen ein Bauchgefühl haben – wir haben auch alle Instinkte. Aber wo sind meine? Warum kann ich sie so schlecht wahrnehmen?

Kürzlich erzählte ich meiner Therapeutin von einem Abend, an dem mich meine Instinkte wieder einmal im Stich ließen: Nach einer Lesung traf ich eine Autorin, die ich schon einige Jahre aus dem Internet kenne, endlich mal persönlich. Als sie mich umarmte, roch ihr Atem nach Alkohol. Sie sagte, wie sehr sie sich freue, mich endlich kennenzulernen. Wir standen draußen in der kalten

Nacht und redeten, sie rauchte und trank. Zwei Freunde von ihr stießen dazu. Zusammen zogen wir weiter in ihre Stammkneipe.

Die Kneipe war ranzig und stickig. Alle Anwesenden rauchten und tranken. Wer zwei Euro in die Jukebox warf, durfte die nächsten fünfundzwanzig Songs auswählen. Es lief Xavier Naidoo und Unheilig. Ich wollte mich auf den Hocker ihr gegenüber setzen, aber sie meinte, ich solle neben sie rutschen. Sie sagte noch mal, wie sehr sie sich freue, mich kennenzulernen. Sie hatte ganz viele Fragen. Sie fragte mich nach den Hormonen, nach den Veränderungen. Ich erzählte ganz offen, auch davon, wie verletzbar mich diese Veränderungen machen, wie schwer es für mich ist, eine Partnerperson zu finden. Sie erzählte, dass sie sich manchmal wünschen würde, ein Mann zu sein, aber niemals den Mut hätte, diesen Weg zu gehen. Sie hatte schnell drei Jägermeister getrunken und stand dann schon wieder an der Theke, um den nächsten zu bestellen.

Ihre beiden Freunde verabschiedeten sich irgendwann. Wir hatten auch schon unsere Jacken an, als sie mich im letzten Moment fragte: «Wollen wir auf ein letztes Bier hierbleiben?» Ich dachte Nein – und sagte Ja. Wir saßen nebeneinander. Sie wendete sich mir zu, schaute mich an, ihre Lippen kamen meinem Gesicht immer näher. Sie sagte: «Es passiert gerade genau das, woran du schon die ganze Zeit denkst.»

Doch wenn ich ehrlich war, dachte ich in dem Moment an gar nichts mehr. Alles war unwirklich, als würde ein Film ablaufen. Ich schaute mir selbst zu und verstand nicht, was gerade passierte. Sie fing an, mich zu küssen, ich erwiderte den Kuss. Plötzlich hörte sie wieder auf. Sie sagte: «Warum hast du Angst? Warum lässt du dich nicht auf mich ein?» – «Es tut mir leid, ich bin nur unsicher», antwortete ich. Sie begann wieder, mich zu küssen. Ich schwitzte an den Händen, meine Beine zitterten.

«Wollen wir abhauen?», flüsterte sie mir irgendwann ins Ohr.

«Okay.» Dann standen wir draußen auf dem Bürgersteig. Es war halb drei in der Nacht, ich zitterte vor Kälte.

«Was machen wir jetzt?»

«Ich will dich mit zu mir nehmen. Wir können eine Pizza essen.»

«Ich glaube, ich würde jetzt lieber nach Hause gehen.»

Sie nahm mich zum Abschied in den Arm und fing erneut an, mich zu küssen. Sie wurde immer forscher. Sie nahm mir meinen Jutebeutel aus der Hand. Sie biss mir beim Küssen auf die Lippen. Sie griff in meine Haare. Sie tat mir weh. Sie drängte mich an die Fassade eines Hauses, und ich machte meinen Gürtel auf. Ihre Hand glitt in meine Unterhose, und mein Körper reagierte darauf. Ich stöhnte. Ich griff nach ihrer Hand und zog sie aus der Hose, sie steckte sie wieder rein und machte weiter.

Ein paar Sekunden lang war ich erregt, eine kurze Zeitlang gefiel mir, was passierte. Bis mir plötzlich klar wurde, was wir da gerade eigentlich taten. Alles in mir verkrampfte sich, meine Arme fingen an zu zittern. Sie hörte auf. Sie nahm mich in den Arm. «Ich bin wohl nicht besonders gut darin, oder?», sagte sie. «Ich habe mich gerade wie so ein typischer Mann benommen, oder?» Durfte ich nein zu ihr sagen? Ich hatte das Gefühl, sie zu enttäuschen. Ich hatte das Gefühl, unfair, zickig und anstrengend zu sein. Wir verabschiedeten uns voneinander.

Als ich endlich zu Hause war, duschte ich. Ich fühlte mich furchtbar, ich fühlte mich benutzt und schmutzig. Ich hatte das Bedürfnis zu trauern. Ich wollte mich streicheln und pflegen, mich waschen und meinen ganzen Körper mit Öl eincremen. Aber waren diese Gefühle überhaupt gerechtfertigt? Was war mir da eigentlich passiert?

Hatten wir rumgemacht? War das ein One-Night-Stand? War das sexuelle Gewalt? Ich wusste es nicht. Wie kann ich von jemandem anderen erwarten, dass er versteht, dass ich etwas nicht möchte, wenn mein Körper gleichzeitig etwas anderes signalisiert? Ich hätte jederzeit gehen können. Ich hätte jederzeit nein sagen können. Ich schämte mich dafür, dass ich nicht gegangen war. Ich schämte mich dafür, dass ich nicht nein sagen konnte. Ich schämte mich dafür, dass mein Körper ja gesagt hatte, obwohl ich am liebsten ganz laut nein geschrien hätte. Ich hätte nein sagen können, ich hätte weggehen können. Aber ich war nicht weggegangen. Weil mein Körper erregt war. Weil ich mich plötzlich begehrt gefühlt hatte. War ich so leicht zu haben, weil in mir diese tiefe Bedürftigkeit ist? Sah man mir die vielleicht sogar an?

Es passierte mir nicht zum ersten Mal, dass ich Dinge tat, die ich eigentlich nicht wollte. Ich habe schon viele Situationen erlebt, in denen ich nein dachte. Momente, in denen ich mich unwohl, unsicher und ängstlich fühlte. Ich hatte Sex, den ich eigentlich nicht wollte, dem ich aber stillschweigend zustimmte, weil ich nicht nein sagen konnte. Weil ich nicht nein sagen kann. Weil ich mich nicht traue, nein zu sagen. Weil ich glaube, dass ich das tun muss, um begehrt, gemocht, gesehen zu werden.

An diesem Abend aber beschloss ich, dass ich das nicht mehr möchte. Ich möchte endlich lernen, nein zu sagen. Ich will geliebt und nicht nur benutzt werden. Ich möchte mich sauber fühlen statt beschmutzt. Selbst ich verdiene etwas Schönes. Ich möchte jemanden finden, dem ich meinen Körper schenken kann. Ich möchte jemanden finden, der diesen Körper zu schätzen weiß. Ich brauche Zärtlichkeit, nicht nur körperliche Befriedigung.

Als ich meiner Therapeutin davon erzählte, fing ich an zu weinen. Es ist das eine, ein Franzbrötchen zu kaufen, obwohl ich lieber ein Stück Erdbeerkuchen hätte, aber es ist etwas völlig anderes, mich küssen und anfassen zu lassen, weil ich mich nicht traue, nein zu sagen.

Zu Beginn jeder Sitzung bietet meine Therapeutin mir einen Pfefferminztee an. Sie weiß, dass ich keinen Pfefferminztee mag.

Ich muss lernen, nein zu sagen. Ich muss lernen, höflich abzulehnen und nach einer Alternative zu fragen. Wochenlang schaffte ich es nicht, am Ende stand jedes Mal wieder ein Becher Pfefferminztee vor mir. Doch irgendwann sagte ich zum ersten Mal nein. Nein danke, ich hätte gerne einen Früchtetee.

Ich mag keinen Pfefferminztee, aber ich trinke ihn aus Angst schon mein ganzes Leben lang. Es wird Zeit, endlich auch mal ein paar andere Sorten zu entdecken.

Queere Vorbilder

Zur Eröffnung des Queeren Salons wurde ich per WhatsApp eingeladen. Wir trafen uns an einem stürmischen Februarabend und aßen zusammen an einer langen Tafel Sauerkrautsuppe und Käse. Der Queere Salon ist so etwas wie ein heimlicher queerer Zirkel, das Ziel ist die Vernetzung, der Austausch und die gemeinsame Entwicklung von Ideen. Alle von uns sind queer, und alle von uns arbeiten in unterschiedlichen Bereichen der Kultur- und Medienbranche.

Übrigens frage ich mich in solchen Momenten oft noch, warum ich eigentlich plötzlich dazugehöre: Warum werde ich zu solchen Anlässen eingeladen? Warum möchte man mich dabeihaben? Ich finde darauf keine Antwort und fühle mich dann oft seltsam deplatziert, so als hätte ich mir unberechtigterweise Zutritt verschafft.

Vorab bekamen wir die Aufgabe, ein paar Worte zu unseren queeren Vorbildern vorzubereiten. Als wir zusammensaßen, erzählten alle reihum von den Menschen, die sie geprägt und beeinflusst haben. Ich hörte gespannt zu – es wurde die lesbische Moderatorin Ellen DeGeneres genannt, Drag Queen Taylor Mac oder die Pornodarstellerin Annie Sprinkle. Manche erzählten auch, dass sie keine popkulturellen Vorbilder hätten, ihre Vorbilder fanden sie in ihren eigenen Familien: sei es der schwule Onkel oder die lesbische Großmutter.

Als ich drankam, war ich aufgeregt: Ich erzählte, dass es für mich als trans Mann schwer sei, auf Bühnen oder Leinwänden Menschen zu finden, die mir ähnlich sind – es gibt so wenig Repräsentation in Serien oder Filmen. Deshalb mag ich die Serie *Pose* so gerne. Dort gibt es zwar keine trans Männer, aber die trans Frauen werden tatsächlich von Schauspielerinnen gespielt, die auch trans sind – sie spielen Figuren, die laut, mutig, klug, erfolgreich, talentiert und selbstbewusst sind. Doch die für mich wichtigste Figur in dieser Serie ist gar keine trans Figur – es ist Billy Porter, der den Ballroom-Ansager PrayTell spielt. Billy Porter hat im vergangenen Jahr die Welt der roten Teppiche revolutioniert, als er dort in ausgefallenen Kleidern und Roben auftrat. Die Frage, was Männlichkeit ist und wie Männlichkeit performt wird, hat für mich wahrscheinlich noch einmal eine ganz andere Bedeutung als für viele cis Männer – sie ist bei mir immer auch mit dem Gefühl verbunden, mich stets neu beweisen zu müssen. Menschen wie Billy Porter erleichtern mir so vieles – sein Mut, mit scheinbaren Gendergrenzen zu spielen und sie zu überwinden, gibt mir den Mut, dies ebenfalls zu tun.

Wenn Billy Porter sich die Fingernägel lackiert, finden das die meisten mittlerweile stylisch. Wenn ich mir die Fingernägel lackiere, kratzen sich einige Leute am Kopf und fragen sich: *Wollte er nicht eigentlich ein Mann sein?* Unter einem Foto auf Instagram schrieb Billy Porter, dass er sein ganzes Leben lang versucht habe, Männlichkeit so zu performen, dass er nicht Gefahr lief, aus dem Rahmen zu fallen, um auch weiterhin Jobs zu bekommen und in dieser Gesellschaft akzeptiert zu werden. Wie männlich müssen Männer sein, um noch als Mann akzeptiert zu werden? Auf welche Wünsche und Bedürfnisse müssen Männer verzichten, um nicht aus der Norm zu fallen? Seit Kurzem hat Billy Porter all diese Bedenken – und die eigene Zurückhaltung – glücklicherweise über Bord geworfen.

Bei der Suche nach meiner eigenen Männlichkeit ist er mir das größte Vorbild dafür, mich nicht anpassen zu müssen, nicht aufgeben zu müssen und mich auf gar keinen Fall irgendwelchen gesellschaftlichen Vorstellungen und Erwartungen beugen zu müssen. Ich wünsche mir, dass wir in Zukunft noch mehr Männer wie Billy Porter in der Öffentlichkeit erleben werden. Ich glaube, dass es wichtig ist, unterschiedliche Arten von Männlichkeit auf Fernsehbildschirmen oder Kinoleinwänden zu sehen. Ich glaube, dass es wichtig ist, zu verstehen, dass Männlichkeit ein Spektrum ist.

Was ich mir – ganz abgesehen von Billy Porter – für die Zukunft wünsche: noch mehr Filme und Serien mit trans Menschen, die nicht wie cis Menschen aussehen. Ich wünsche mir nicht-binäre Menschen, genderqueere Menschen und trans Menschen, die einfach trans aussehen.

Am Ende meines kleinen Vortrags klatschten alle – ich war dankbar, dass es diesen Ort gab, an dem ich all das bedenkenlos erzählen konnte. Ich fühlte mich aufgehoben und verstanden.

Als ich mit der S-Bahn zurück nach Hause fuhr, musste ich darüber nachdenken, dass niemand an diesem Abend ein queeres Vorbild aus dem deutschsprachigen Raum genannt hatte. Das war doch irgendwie komisch, oder? Was bedeutet das für die Sichtbarkeit und Repräsentation queerer Menschen in unseren Medien? Warum finden viele von uns ihre Vorbilder ausschließlich im amerikanischen Kulturraum? Wenn ich an meine eigene Jugend zurückdenke, kann ich die Menschen, die ich im Fernsehen sah oder deren Musik ich hörte und die offen queer waren, an einer Hand abzählen – mir fallen Anne Will, Hella von Sinnen, Ulrike Folkerts, Hape Kerkeling oder auch Ross Antony ein. Viele von ihnen outeten sich eher unfreiwillig, manche von ihnen auch gezwungenermaßen.

Als sich Ellen DeGeneres in ihrer damals sehr erfolgreichen Sitcom *Ellen* als lesbisch outete, entschied sich die ABC dazu, die darauffolgenden Episoden der fünften Staffel mit dem Warnhinweis auszustrahlen, dass manche Inhalte der Serie für jüngere Kinder ungeeignet sein könnten. Nach dieser Staffel wurde die Serie eingestellt.

Heute ist die amerikanische Öffentlichkeit an diesem Punkt deutlich weiter. Schauspieler*innen und Sänger*innen outen sich dort mittlerweile als lesbisch, schwul, bisexuell oder auch pansexuell. Zuletzt sorgte Sam Smith mit einem Coming-out als nichtbinär für Aufmerksamkeit. Was ich dabei oft beobachte: Der Teil der Gesellschaft, der darauf positiv reagiert, wird immer größer, doch gleichzeitig werden auch die Stimmen der Menschen lauter und wütender, die auf ein solches öffentliches Coming-out ablehnend und hasserfüllt reagieren.

In Deutschland sind wir längst noch nicht so weit – ganz im Gegenteil: Hier wird Schauspieler*innen oft noch geraten, sich besser gar nicht erst zu outen. Und viele befolgen den Rat aus Angst davor, danach keine Engagements mehr zu bekommen. Ich finde das schade, weil ich glaube, dass wir queere Repräsentation brauchen: Queere Menschen müssen wissen, dass es noch andere queere Menschen außer ihnen selbst gibt, um nicht zu glauben, dass sie falsch oder nicht normal sind.

Billy Porter ist nicht mein einziges Vorbild – ich habe viele Vorbilder, die mich inspirieren oder von denen ich mir etwas abschaue, etwa Chella Man, eine genderqueere trans Person. Chella Man war einer der ersten trans Menschen, die ich nach meinem Coming-out online entdeckte. Ich war beeindruckt, mit welcher Offenheit er andere Menschen an seinem Leben teilnehmen ließ – ohne Scham, ohne Scheu, ohne Zurückhaltung. Ich sah ihn im Krankenhausbett sitzend – er ließ sich dabei filmen, wie er seine Brust zum ersten Mal nach der OP sehen durfte, und ich weinte in diesen Sekunden vor Freude mit ihm mit. Er teilt auch immer wieder viele Nacktbilder von sich, zeigt sich verletzlich und zweifelnd.

Ich kenne im deutschsprachigen Raum keine trans Menschen, die sich auf diese Art und Weise zeigen. Ich schaue mir vieles von Chella Man ab, doch renne dabei jedes Mal wieder gegen unsichtbare Mauern und Tabus. *Warum teilst du öffentlich Dinge, die in dein Schlafzimmer gehören?* – Ich kann nicht mehr zählen, wie oft ich diesen Satz in unterschiedlichen Variationen gehört habe. Ich möchte mich zeigen, ich möchte über mich sprechen, ich möchte von mir erzählen – ich finde nicht, dass es Dinge gibt, die lediglich in die Schlafzimmer von Menschen gehören, schon gar nicht nackte Körper.

Im letzten Jahr bekam Chella Man seine erste größere Filmrolle in der DC-Universe-Serie *Titans*. Er sagte damals: «It's a radical act to showcase my flat-chested penis-less body.» Unter einem Foto auf Instagram schrieb er: «No visible underwear bulge. Jewish and Asian history and representation in my DNA and on my skin. Top surgery scars out and proud. Visible cochlear implants paired with my DEAF AF tattoo.»

Auf einem seiner Bizeps hat er sich den Satz «I am my own masculinity» tätowieren lassen. *I am my own masculinity*. Ich bin meine eigene Männlichkeit. Das gefällt mir. Ich möchte meine eigene Männlichkeit bestimmen dürfen – und nicht von anderen Menschen definieren lassen.

Was ich auch festgestellt habe: Mittlerweile langweilen mich trans Menschen, die wie cis Menschen aussehen. Nach meinem Coming-out speicherte ich noch endlos viele Fotos des Schauspielers Jake Graf auf meinem Handy. Wenn ich sie Freund*innen zeigte, sagte ich dazu immer den Satz: «Siehst du das? Man sieht ihm gar nicht an, dass er ein trans Mann ist!» Jake Graf hat einen beeindruckenden Bart und einen perfekt trainierten Oberkörper – man sieht ihm tatsächlich nicht an, dass er trans ist.

Diese Vorstellung war damals für mich noch überaus attraktiv: Ich wollte nicht hervorstechen oder aus der Norm fallen. Ich wollte, dass sich andere Menschen in zwei oder drei Jahren meine Fotos anschauen würden und dabei diesen einen Satz sagen: «Man sieht ihm gar nicht an, dass er ein trans Mann ist!» Menschen wie

Billy Porter, Sam Smith und Chella Man haben mir die Augen dafür geöffnet, dass der Raum der Möglichkeiten viel größer ist, als ich bisher immer angenommen hatte.

Zuletzt bin ich durch Zufall auf Cyrus Grace Dunham – viele kennen wahrscheinlich die Schwester Lena Dunham – gestoßen. They ist nichtbinär – als ich das Buch von Cyrus Grace las, war ich beeindruckt. Nirgendwo anders werden die Zweifel und Unsicherheiten so gut beschrieben wie in diesem Buch: Möchte ich sozial transitionieren? Möchte ich auch körperlich transitionieren? Möchte ich vielleicht sogar eine Kombination aus beidem? Ich bewundere Menschen, für die diese Fragen offen sind oder auch immer wieder neu beantwortet werden können. «Sometimes I feel like my gender is just happening to me», schreibt Cyrus Grace an einer Stelle, und ich möchte diesen Satz dick mit Textmarker anstreichen.

Das Selbstbewusstsein von Billy Porter. Die Energie von Chella Man. Die Offenheit und Verletzlichkeit von Cyrus Grace Dunham. Ich bin dankbar, dass es diese Vorbilder für mich gibt. Ich bin dankbar, dass es diese Sichtbarkeit gibt. Ich bin dankbar, dass junge Menschen sich nicht mehr so alleine fühlen müssen. Ich bin überzeugt davon, dass queere Vorbilder Leben retten können.

Bevor ich zum Queeren Salon fuhr, traf ich einen Freund – der auch trans ist – zum Kaffee. Ich erzählte ihm von der Aufgabe für den Abend und fragte ihn, wer denn seine Vorbilder seien. Er überlegte einen Moment und sagte dann: «Du, du bist für mich auf jeden Fall ein Role Model.» Natürlich wiegelte ich erst einmal ab, aber ein Teil von mir wusste, dass er vielleicht recht haben könnte. Es gibt junge Menschen, für die ich ein Vorbild bin. In einem queeren Jugendzentrum in Köln gibt es eine Wand mit den queeren Vorbildern der Jugendlichen – durch Zufall erfuhr ich irgendwann, dass dort auch ein Porträt von mir hängt.

Ich weiß nicht, ob ich schon an dem Punkt bin, aber ich würde für andere Menschen gerne irgendwann das Vorbild sein, das ich als Jugendlicher nie hatte.

Ende

Mein Coming-out ist, wenn dieses Buch erschienen ist, fast drei Jahre her. Ich habe in den vergangenen Monaten viele Dinge zum ersten Mal getan: Ich habe mir zum ersten Mal die Nägel lackiert, zum ersten Mal eine Krawatte gebunden, mir zum ersten Mal den Bart rasiert, zum ersten Mal mit einem Mann geschlafen.

Bis heute sind die schönsten und intensivsten Momente immer die ersten Stunden nach einer Testosteron-Spritze – es fühlt sich immer an, als würde ich aus der Praxis schweben, mein ganzer Körper pulsiert, ich fühle mich mutig, selbstbewusst, stark. Dank des Testosterons habe ich nicht nur eine tiefere Stimme und einen Bart, auch meine Schultern sind breiter geworden, und meine Klitoris ist dreimal so groß wie früher.

Ich erinnere mich noch gut an all die Momente, in denen ich als Frau angesprochen wurde – an die Momente, in denen mir nicht geglaubt wurde, dass ich ein Mann bin. Plötzlich darf ich sogar Räume aufsuchen, die eigentlich Männern vorbehalten sind. Wenn ich in der Herrenumkleide in meinem Fitnessstudio stehe und all die nackten Männer um mich herum beobachte, die sich vor meinen Augen umziehen oder mit einem Handtuch um die Hüften aus der Dusche herauskommen, versuche ich, mir etwas von ihnen abzuschauen. Ich frage mich oft, ob ihnen auffällt, dass ich eigentlich nicht dazugehöre. Bin ich ein Eindringling oder ein Teil der Gemeinschaft?

Während ich hier sitze und diese Sätze schreibe, streichle ich mir immer wieder über meinen Bart. Ein Freund hat gesagt, dass ich das Bartwachstum fördern kann, wenn ich ihn regelmäßig kämme. Vielleicht werde ich das mal ausprobieren, ich würde alles tun, um irgendwann mal einen richtigen Vollbart zu haben. Viele Männer bekommen erst später im Leben einen richtigen Bartwuchs – ich glaube, ich liege ganz gut in der Zeit, ich muss nur weiter geduldig bleiben.

Irgendwann in den letzten Monaten habe ich eine unsichtbare Grenze überschritten, seitdem halten mich die meisten Menschen, denen ich begegne, für einen Mann. Meine Familie hielt mich lange Zeit nicht für einen Mann. Als ich meine Eltern das letzte Mal besuchte, sagte mein Vater zum ersten Mal Linus. Auf der Serviette, die auf meinem Teller lag, stand derselbe Name. Linus. Zu Weihnachten bekam ich ein selbstgemachtes Buch geschenkt, mit dem ich in meiner Kindheit gelernt hatte, wie ich eine Schleife binde oder einen Knopf zumache. Das Deckblatt war ausgetauscht worden, vornedrauf hatten meine Eltern den Name Linus sticken lassen.

Mein Bedürfnis nach Akzeptanz und Anerkennung ist im Laufe der Zeit gesunken, ich bin nicht mehr so stark darauf angewiesen, wie mich andere sehen. Doch was bis heute bleibt, ist eine schmerzhafte Lücke: Beim Schreiben des Buches habe ich an meine erste Testosteron-Spritze zurückgedacht oder an den Moment meiner Namensänderung im Standesamt – ich wünschte mir manchmal, jemand wäre damals an meiner Seite gewesen. Manchmal stelle ich mir in Gedanken meine OP vor, und ich stelle mir immer vor, dass ich alleine sein werde. Ich sehe mich dann selbst, wie ich alleine in diesem Krankenhausbett liege. Diese Einsamkeit ist manchmal unerträglich. Ich wünschte, da wäre jemand, der mich umarmt und festhält und mir glaubt, dass ich ein Mann bin.

Warum habe ich ein Buch über mich geschrieben? Warum ein Buch über mein Leben als trans Mann? Ich habe zahlreiche Antworten auf diese Frage im Kopf: Ich habe eine Geschichte zu erzählen, die erzählt werden muss. Das Schreiben ist ein Teil meiner aktivistischen Arbeit. Ich habe eine soziale und moralische Verantwortung gegenüber allen, die jünger, schwächer oder weniger privilegiert sind, als ich es bin. Ich möchte anderen trans Menschen dabei helfen, sich weniger ängstlich zu fühlen. Natürlich möchte ich auch all diejenigen aufklären, die mit diesem Thema noch nicht in Berührung gekommen sind. Ich möchte auf eine Art und Weise über mein Leben schreiben, die sowohl trans Menschen anspricht als auch Freund*innen und Familienangehörige.

Ich habe nicht vorausgeahnt, wie anstrengend es sein würde, über mich selbst zu schreiben, und wie schwer es ist, mit der eigenen Verletzlichkeit umzugehen.

Das Leben von trans Menschen wird häufig als schweres Schicksal oder trauriger Leidensweg beschrieben. Ich empfinde das nicht so: Ich lebe bewusster und glücklicher, in mir ist deutlich mehr Lebensfreude. Ich habe die Fähigkeit entwickelt, mich anzunehmen, aus mir herauszukommen, mich um mich zu kümmern. Ich bin offener geworden, dem Leben und den Menschen zugewandter.

Mit mir ist etwas Schönes geschehen: Ich bin nahbarer geworden, verletzlicher, mein Schutzpanzer hat kleine Löcher bekommen, durch die Licht hineinfällt und durch die ich andere Menschen an mich heran- und in mein Leben hineinlassen kann.

Zwischen mir und diesem Buch ist erschreckend wenig Distanz. Manchmal bin ich zu offen, manchmal mute ich Menschen zu viel zu. Ich versuche noch herauszufinden, wie viel Verletzlichkeit erlaubt ist.

Manchmal fragen mich Menschen, warum ich mich immer noch als trans Mann bezeichne. Warum ist mir das trans so wichtig? Warum bin ich nicht einfach ein Mann? Die Tatsache, dass ich trans bin, ist ein fundamentaler Bestandteil meines Lebens, meiner Identität, meiner Persönlichkeit.

Ich gehe meinen Weg weiter – immer öfter mutig und selbstbewusst. Ich weiß, dass ich dem Rest der Gesellschaft ein paar Schritte voraus bin, hoffentlich wird sie mir irgendwann folgen können.

Ich versuche, die guten Seiten daran zu sehen: Ich weiß, wer ich bin und wer ich sein möchte. Ich habe mich damit abgefunden, dass ich trans bin und wahrscheinlich bis ans Ende meines Lebens Hormone nehmen muss. Ich habe mich auch damit abgefunden, dass mein Körper nicht den herkömmlichen gesellschaftlichen Vorstellungen entspricht. Ich versuche, dankbar für diesen Körper zu sein, für dieses Leben.

Ich erinnere mich immer noch gut daran, wie düster und eng das Leben vor meinem Coming-out gewesen ist, und manchmal ist es kaum fassbar für mich, dass ich diese Qual überleben konnte. Ich war nicht immer unglücklich, aber das Leben schien für mich eine große Last zu sein.

Im Oktober 2017 bekam ich ein neues Leben geschenkt. Dieses Leben ist nicht immer leicht, aber seit einiger Zeit habe ich das Gefühl, dass es Stück für Stück leichter wird. Ich sitze nicht mehr in einem Gefängnis, ich bin frei. Ich kann mein Leben gestalten. Es gibt vieles, das mir Freude bereitet. Ich habe ein gutes Leben, ich habe Dinge, die mir Spaß machen, ich bin von Menschen umgeben, die ich liebe. Und – verdammt noch mal: Ich verdiene es, dass bei mir auch mal eine Zeitlang alles gut ist.

Epilog

21.03.2020

Ich stelle dieses Buch fertig, während das Leben weltweit wegen des neuartigen Coronavirus zum Stillstand gekommen ist. Ich versuche, mich selbst damit zu trösten, dass viele noch härter von den Einschnitten und Entbehrungen getroffen sind als ich. Aber es ist nicht immer einfach.

Ich stelle dieses Buch auf dem Sofa sitzend fertig. Ich habe das Sofa unter mein Fenster geschoben, und es fühlt sich fast so an, als würde ich auf einem Balkon sitzen. Während dieser Pandemie in meiner Wohnung sein zu müssen, ist für mich gerade das Schlimmste. In diesen seltsamen Tagen wünsche ich mich oft zurück in meine WG. Zurück in mein Bett, in das sich der Hund so oft neben mich legte. Oder zurück an unseren Küchentisch, weil wir dort gerne saßen und über die Lage der Welt diskutierten – da gäbe es jetzt einiges zu besprechen.

In meiner neuen Wohnung bin ich nie so richtig angekommen. Ich habe in den letzten Monaten viel Zeit in anderen Wohnungen verbracht. Dieses Buch habe ich überwiegend an fremden Schreibtischen und in Zügen und Cafés geschrieben, aber nicht in meiner eigenen Wohnung.

Wenn ich in meiner Wohnung bin, bekomme ich Panikattacken. Wenn es an meiner Tür klingelt, beginnt mein Herz zu rasen. Wenn ich Geräusche im Hausflur höre, halte ich den Atem an. Meine Therapeutin sagt, dass es drei Jahre dauern kann, bis ich mich beim Aufschließen der Haustür nicht mehr umschauen muss.

Es ist eine beängstigende Vorstellung für mich, die nächsten Wochen oder Monate auf mich selbst zurückgeworfen in dieser Wohnung verbringen zu müssen. Es ist schwierig für mich, alleine und isoliert zu sein. Ich bin kein Mensch, der viel telefoniert oder Skype benutzt. Ich treffe Freund*innen gerne in Cafés oder auf Lesungen, ich gehe gerne mit ihnen zu Demos. Es ist noch nicht so lange her, dass ich mit einer Gruppe von Freund*innen angefangen habe, zusammen zu kochen, zusammen zu essen, zusammen Filme zu schauen. In dieser Situation fehlen mir diese Gespräche, mir fehlt körperliche Nähe, mir fehlen Umarmungen. Es ist schon eine Weile her, dass ich das letzte Mal länger umarmt wurde.

Meine Therapeutin ist für mich eine wichtige Bezugsperson, deshalb war auch einer meiner ersten Gedanken, ob ich trotz Ausgangsbeschränkungen weiter zu ihr gehen kann. Ihre Praxis ist in Potsdam, ich wäre eine Stunde unterwegs zu ihr gewesen. Ich war so erleichtert, als sie mir anbot, stattdessen zu telefonieren oder Videogespräche zu führen. Beides ersetzt keine herkömmliche Therapiestunde, aber es ist besser, als ganz darauf verzichten zu müssen. Ich fragte mich, wie es anderen Patient*innen geht – fahren sie weiter zu ihren Therapiesitzungen? Werden ihnen Alternativen angeboten? Entstehen da gerade Versorgungslücken? Ich stellte diese Fragen auch meinen Follower*innen auf Instagram. Eine Person erzählte mir, dass sie nach monatelangem Warten Angst davor habe, dass das Erstgespräch nun abgesagt würde. Eine andere Person verbringt die nächsten Wochen bei ihren Eltern, die nichts davon wissen, dass sie trans ist – und verliert ihren Therapieplatz, den sie gerade erst in einer anderen Stadt gefunden hatte. Eine trans Frau berichtete, dass sie seit vierzehn Monaten darauf wartet, dass ihr Hormone verschrieben werden – jetzt wird ihre Suche nach einem neuen Therapieplatz durch die aktuelle Situation deutlich erschwert.

Ich denke gerade sehr viel darüber nach, was dieses monatelange Warten oder der Verlust von Therapieplätzen für trans Menschen bedeuten könnte. Manche trans Menschen befinden sich gerade im Prozess der Namensänderung – wird die Erstellung der Gutachten weiterlaufen können? Oder wird das auch alles zum Stillstand kommen? Wie lange werden sie auf ihre Namensänderung warten müssen?

Ich bekomme in zwei Wochen das nächste Mal meine Testosteron-Spritze – ich gehe dafür in ein Gesundheitszentrum. Als ich vor ein paar Tagen zur Blutabnahme da war, erzählte die Arzthelferin, dass sie vielleicht die Sprechstundenzeiten reduzieren müssen. Und sie sagte: «Wenn wir schließen müssen, dann gehen wir pleite.» Was wird in zwei Wochen sein? Kann ich dort weiter mit Testosteron versorgt werden? Ich lese auch, dass bestimmte Hormonpräparate von Lieferengpässen betroffen sind, für trans Frauen wird es gerade immer schwieriger, an Östrogengel zu kommen. Was wird mit meinem Körper passieren, wenn ich in der nächsten Zeit auf meine Spritze verzichten müsste?

Auf Twitter las ich, dass eine trans Frau erzählte, dass ihre geschlechtsangleichende OP abgesagt wurde. Und bei einem anderen trans Mann wurde das Vorgespräch für die Mastektomie abgesagt. Natürlich: Die Betten und die medizinischen Kapazitäten werden nun anderweitig gebraucht, aber was bedeutet das für diese Menschen, die so lange auf ihre Operationen warten mussten? Für die diese Operationen teilweise überlebenswichtig sind? Mein Termin für die Mastektomie ist am 26. Januar 2021 – ich werde dann eineinhalb Jahre darauf gewartet haben, darf ich davon ausgehen, dass der Termin stattfinden wird? Ich weiß es gerade nicht. Wahrscheinlich weiß das niemand so genau.

Ist es falsch, angesichts einer weltweiten Pandemie darüber nachzudenken, was dies auch speziell für trans Menschen bedeuten könnte? Das *National Center for Transgender Equality* schreibt, dass trans Menschen ein größeres Risiko haben, schwerer an Covid-19 zu erkranken. Die Gründe dafür sind vielfältig: Einer von fünf trans Menschen leidet unter einer chronischen Erkrankung (Diabetes, Arthrose, Asthma). Und: Viele trans Menschen befinden sich in einem schlechten Gesundheitszustand, weil sie sich aus Angst vor Diskriminierungen nicht trauen, zum Arzt zu gehen, andere sind aufgrund prekärer Lebensverhältnisse nicht krankenversichert. Die Probleme, die trans Menschen in den meisten Gesundheitssystemen haben, existieren schon lange, es wurde nur viel zu selten darüber gesprochen. Sprechen wir jetzt endlich darüber?

Natürlich darf mich angesichts dessen die Frage beschäftigen, was dieses Virus für trans Menschen bedeutet – also für meine Community. Auf Instagram habe ich Menschen, die gerade auf Therapieplätze warten müssen oder deren OPs abgesagt wurden, angeboten, mir zu schreiben. Ich kann das nicht auffangen, aber vielleicht hilft schon ein Gesprächsangebot. Vielleicht hilft es schon, gesehen und wahrgenommen zu werden.

Wie werde ich die nächsten Wochen und Monate verbringen? Ich weiß es noch nicht. Ich glaube, es wird schwer. Ich werde in meiner Wohnung sein und mein Buch fertigschreiben, mehr habe ich mir noch nicht vorgenommen. Ich glaube, die Herausforderung, diese Zeit gut zu überstehen, ist groß genug – da muss ich nicht auch noch Yoga machen oder zwei Fremdsprachen lernen.

Was ich aber unbedingt brauche, ist eine neue Self-Care-Routine. Das klingt vielleicht seltsam, aber ich habe erst in den letzten Monaten gelernt, mich um mich selbst zu kümmern. Vorher hasste ich mich und meinen Körper, er war mir unerträglich. Dann fing ich an, zum Friseur zu gehen, ins Fitnessstudio, in Cafés, neue Kleidung anzuprobieren – und ich machte dabei Selfies von mir. Für viele klingt das wahrscheinlich nach ein paar Kleinigkeiten, auf die ich auch problemlos ein paar Wochen verzichten könnte. Aber durch diese Kleinigkeiten lernte ich meinen Selbsthass zu kontrollieren, der mich davor jahrelang zermürbt hatte. Ich möchte nicht, dass er zurückkommt.

Was ich mir wünsche, während ich auf meinem Sofa sitze und aus meinem Fenster blicke: mehr Empathie miteinander, mehr Verständnis, mehr Wohlwollen, mehr Nachsicht, mehr Solidarität. Die Absage einer einzelnen Operation mag im Vergleich zu den steigenden Todeszahlen sicherlich eine Kleinigkeit sein, aber sie kann für den betroffenen Menschen dennoch schmerzhaft, niederschmetternd oder erschütternd sein. Ich wünsche mir, dass wir all diesen Gefühlen und Bedürfnissen Raum geben können. Ich wünsche mir, dass wir uns gegenseitig zugestehen, dass wir in dieser Ausnahmesituation unterschiedliche Schwerpunkte setzen dürfen.

Empfehlungen

Da mir Bücher, aber auch Serien dabei geholfen haben herauszufinden, wer ich eigentlich bin und sein möchte, möchte ich zum Abschluss gerne die Bücher und Serien empfehlen, die mir am meisten am Herzen liegen.

Kinderbücher und Graphic Novels
Teddy Tilly, Jessica Walton
Der Katze ist es ganz egal, Franz Orghandl
«Hattest du eigentlich schon die OP?», Peer Jongeling
Küsse für Jet, Joris Bas Backer
Nennt mich Nathan, Quentin Zuttion

Jugendbücher
Was so in mir steckt, Barry Jonsberg
George, Alex Gino
Als ich Amanda wurde, Meredith Russo

Erwachsenenbücher
Darling Days, iO Tillett Wright
Trans.Frau.Sein, Felicia Ewert
Mein Weg von einer weißen Frau zu einem jungen Mann mit Migrationshintergrund, Jayrôme C. Robinet
Amateur: Mein neues Leben als Mann, Thomas Page McBee

Serien
Pose
Euphoria
Orange Is the New Black
The OA

Dank

Dieses Buch würde es ohne die Hilfe und Unterstützung, die ich von so vielen Seiten erhalten habe, nicht geben. Ich möchte mich beim Rowohlt Verlag und meiner Lektorin Julia Suchorski bedanken, dass ihr daran geglaubt habt, dass ich dieses Buch schreiben könnte. Danke, Julia Eichhorn, ich traf dich zu einem Zeitpunkt, als ich glaubte, dieses Buch doch nicht schreiben zu können – ich bin so froh, dass du meine Agentin wurdest. Danke, Jasmin und Chloé, dass ihr mir ein Zuhause gegeben habt. Danke, Sarah und Franzi, dass ihr mir in einer schweren Zeit eure Wohnungen zur Verfügung gestellt habt, in denen ich große Teile dieses Buches schrieb. Danke, Timi, dass ich meine Zahnbürste bei dir lassen durfte. Danke, Stefan, dass du etwas in mir gesehen hast, was niemand sonst sah. Danke, Karen Köhler, dass du mir den Rat gegeben hast, mich vor den Spiegel zu stellen und zu rufen «I can do it!». Danke, Berit Glanz, Else Buschheuer, Miku S. Kühmel, ihr habt mit euren klugen und wertvollen Ratschlägen mein Buch maßgeblich mitbeeinflusst. Außerdem: tiefe Dankbarkeit an meine Anwältin Christina Clemm, die mir Mut und Zuversicht gab, weiter sichtbar zu sein, und an alle Mitarbeiter*innen der BUCH-BOX Berlin für die großzügige Unterstützung.

Olivia Jones
Ungeschminkt
Mein schrilles Doppelleben

Alle kennen Olivia Jones – aber kennen Sie «Oliver Jones»? Den Mann, der als Teenager alles auf eine Karte setzte, um endlich das zu werden, was andere damals verachteten: ein Mann in Frauenkleidern?
In diesem Buch lässt Oli(via) erstmals 50 Jahre des schrillsten deutschen Doppellebens «ungeschminkt» Revue passieren. All das, was bisher noch nie so offen erzählt wurde: Geschichten von Enttäuschungen, familiären Tragödien, von Armut, Liebe, Humor, Skandalen und Durchhaltevermögen. Und vor allem: vom Mut und der Freude am bunten Leben in all seinen Facetten.
Blicken Sie mit Olivia hinter die verrückten Kulissen von Deutschlands buntestem Familienunternehmen, der einzigartigen «Olivia-Jones-Familie», und tauchen Sie ein in Olivias außergewöhnliche Welt: extrovertiert, glitzernd, aber auch liebevoll und wertschätzend – denn in Olivias Umfeld darf jeder so sein, wie er ist.

288 Seiten

Mit Beiträgen von Hella von Sinnen, Dolly Buster, Guido Maria Kretschmer, Wolfgang Kubicki und vielen mehr

Weitere Informationen finden Sie unter **rowohlt.de**